Patrick Artus
Marie-Paule Virard

Quelle France en 2050 ?

Face aux grands défis en Europe et dans le monde

Odile Jacob

3, rue Auguste-Comte, 75006 Paris

www.odilejacob.fr

ISBN : 978-2-4150-0864-2

« Que nous est-il permis d'espérer ? »

Emmanuel KANT,
Critique de la raison pure, 1781.

Introduction

Ces temps-ci, l'économie mondiale est le théâtre de toute une série de ruptures : géopolitique, énergétique, climatique, industrielle, commerciale, démographique… Un bouleversement comme on n'en avait pas connu depuis longtemps. Comme si la multiplication des chocs qui se succèdent depuis le Covid avait fait basculer notre monde dans une nouvelle ère.

Ce chambardement présente de multiples visages. Le cycle libéral qui a prospéré avec l'abaissement des frontières est en train de céder la place à un cycle où le besoin de protection s'affirme de plus en plus tandis qu'avec l'invasion de l'Ukraine par la Russie puis le conflit au Proche-Orient, l'incertitude géopolitique renforce encore une insécurité qui fait craindre une période d'affrontement entre blocs. La crise climatique exige d'énormes ressources tant publiques que privées, secoue de nombreux secteurs de l'industrie et nous invite à une adaptation exigeante de nos modes de vie. Quant aux démocraties occidentales, elles affrontent une crise existentielle, avec, en toile de fond, la poussée de ce que l'on appelle désormais le Sud global et la contestation (pour ne pas dire la détestation) de l'Occident et ses multiples conséquences sur l'économie.

Tous ces désordres surgissent alors que la croissance mondiale ralentit, et sans doute durablement.

En réalité, la croissance potentielle du monde, indicateur phare pour évaluer la prospérité des générations à venir, n'en finit plus de ralentir depuis les années 1990 et tout indique que la tendance n'est pas près de s'inverser. Le poids des pays occidentaux dans le PIB mondial devrait en outre continuer à diminuer au cours des prochaines décennies au profit d'autres régions du monde, une évolution qui ne manquera pas de bousculer la hiérarchie des places entre les grandes zones économiques de la planète. Or cette éclipse de la croissance intervient au moment même où le monde en général et l'Europe en particulier ont plus que jamais besoin de créer des richesses pour faire face aux énormes besoins de financement qu'imposent les exigences de la transition énergétique mais aussi aux investissements structurels (éducation, santé, infrastructures, sécurité...) nécessaires à la préservation de notre niveau de vie, sans parler des contraintes liées aux conflits qui ne cessent de se développer un peu partout dans le monde.

Les Européens redoutent ce monde qui vient

Les Européens en général, et les Français en particulier, redoutent ce monde qui vient. Et ils n'ont pas tout à fait tort si l'on en croit les extrapolations qui servent de point de départ à notre réflexion[1]. Avec un peu plus de 35 % du PIB mondial à l'horizon 2050 (contre 29,5 % en 2022), les États-Unis devraient rester sans discussion possible l'économie dominante à l'horizon 2050 tandis que le poids économique de la Chine ferait pratiquement du surplace (à 23 % de la création de richesse mondiale) et surtout que le PIB de l'Union européenne (21,5 % en 2022, 15 % en 2050) et du Japon (6,4 % en 2022, 3 % en 2050 toujours en pourcentage du PIB mondial) reculerait sensiblement.

Ce déclin annoncé par les chiffres s'est déjà insinué dans les têtes. Notamment dans l'Hexagone où, à l'automne 2023, 82 % des Français interrogés considéraient que la France était en déclin. Un bond de 7 points en un an[2]. Confrontée depuis des mois à la pire inflation depuis les années 1980, la classe moyenne est en effet traversée par un sentiment de déclassement, les sondés estimant à 57 %[3] que, demain, leurs enfants vivront moins bien qu'eux. Un pessimisme qui menace le pacte social et démocratique. En cette année d'élections américaines, n'oublions pas que ce sont en partie les classes moyennes blanches appauvries par les effets de la désindustrialisation qui ont permis la victoire de Donald Trump en 2016 et qu'elles sont à nouveau au cœur de la campagne électorale de 2024. Voilà pourquoi nous pensons que le moment est propice à analyser les enjeux pour anticiper et prendre, si possible, les bonnes décisions.

1. Voir chapitre 1.
2. Voir à ce sujet la onzième vague de l'enquête annuelle réalisée par Ipsos-Sopra Steria pour *Le Monde*, la Fondation Jean-Jaurès, le Cevipof et l'Institut Montaigne, « Fractures françaises : un pays où progressent le déclinisme, la colère et l'attrait pour l'extrême droite », *Le Monde*, 9 octobre 2023.
3. Selon une enquête IFOP pour la Fondation Jean-Jaurès et l'agence de conseil Bona fidé et publiée par *Le Monde* du 25 novembre 2023.

Nous nous proposons ici d'explorer les grandes tendances qui vont redessiner la géographie économique du monde, d'identifier les pays ou les régions susceptibles de jouer les locomotives de l'économie mondiale dans les prochaines décennies, en consacrant une attention particulière à la situation de l'Europe et, à l'intérieur du continent, à celle de la France car elles abordent l'une et l'autre le monde qui vient avec quelques boulets aux pieds. Il y a urgence. Nous avons en effet la conviction que, si rien n'est fait rapidement, l'économie européenne décrochera face à ses grandes concurrentes, entraînant le niveau et la qualité de vie des Européens dans sa chute. Comment, malgré les vents contraires qui soufflent à court terme, l'Europe – et singulièrement la France – peuvent-elles espérer échapper à ce déclassement annoncé ?

« Que nous est-il permis d'espérer ? »

La croissance de l'économie mondiale à l'horizon 2050 devrait, selon nous, être entraînée par deux moteurs : l'économie américaine et celle de l'Asie du Sud-Est (Vietnam, Cambodge, Thaïlande, Philippines, Indonésie). Des pays où les gains de productivité, le progrès technique, sont assez dynamiques et où la démographie n'est pas défavorable. En revanche, l'Europe tout comme les pays d'Amérique du Sud, la Chine et le Japon devront faire face à une diminution de leur population en âge de travailler associée à une productivité en berne. Quant à l'Inde et à l'Afrique, en dépit d'une démographie favorable et de gains de productivité dynamiques, elles partent de trop loin pour espérer peser d'un poids significatif, en tout cas à l'horizon 2050.

Toutefois, dans un monde plus que jamais incertain, de multiples « surprises » peuvent toujours venir bousculer la hiérarchie annoncée. Au moment où tant de grandes questions restent ouvertes, nous avons choisi d'en explorer six qui nous semblent susceptibles de rebattre les cartes dans les années et les décennies à venir : la fragmentation du monde, le vieillissement démographique, la transition énergétique, le réarmement industriel, la bataille de l'épargne et l'avènement d'une économie de la rareté…

Convaincus que le destin économique de l'Union européenne et de la France se joue ici et maintenant, nous terminons sur une réflexion destinée à faire mentir notre diagnostic de départ. « Que nous est-il permis d'espérer ? » pourrait-on demander en reprenant la fameuse question d'Emmanuel Kant. Notre scénario de prédilection s'articule autour de deux axes : mettre en œuvre des politiques susceptibles d'extirper nos économies du piège à croissance faible et repenser en profondeur la politique économique de l'Union européenne (monétaire et budgétaire) afin d'accompagner le « réarmement » économique et d'échapper au déclassement annoncé. Que nous est-il permis d'espérer ? Parler d'espoir, c'est d'abord parler d'avenir. De celui de nos enfants, des générations futures. Des voies et moyens de leur faire une vie plus douce. C'est ce que nous avons tenté de faire dans cet ouvrage.

CHAPITRE 1

En 2050, l'Amérique de plus en plus prospère, l'Europe de plus en plus pauvre

Tout juste sortis des affres de la crise sanitaire, certains observateurs imaginèrent l'espace d'un instant le scénario d'une période d'euphorie, comme une sorte de rattrapage après la mise à l'arrêt de l'économie mondiale, un peu sur le modèle de ce qui s'était passé dans les Années folles après la terrible saignée de la Grande Guerre. Mais il fallut vite déchanter.

Les différentes projections des organismes internationaux et des experts de tous bords ont rapidement confirmé que la croissance mondiale allait ralentir à 3 % en 2023 et, aux dernières nouvelles, à 2,9 % en 2024 (respectivement 1,5 % et 1,4 % pour les pays avancés, 0,7 % et 1,2 % pour la zone euro). Quant aux prévisions de moyen terme (3,1 %)[1], elles sont les plus faibles que le monde ait connues depuis

1. *Perspectives de l'économie mondiale. Des trajectoires divergentes*, FMI, octobre 2023.

plusieurs décennies, comme s'il était temps de prendre conscience que le rythme de la croissance mondiale observé au cours des soixante-dix dernières années ne fut peut-être qu'une parenthèse enchantée dans l'histoire de l'humanité.

Tout indique en effet que l'économie de la planète va ralentir durablement, notamment en Europe, et en France davantage encore ! La croissance potentielle, indicateur phare pour apprécier l'évolution de la création de richesses, a du plomb dans l'aile et flirte désormais, en ce qui nous concerne, avec le zéro pointé. Rappelons ici que la croissance potentielle, notion que nous utiliserons abondamment dans cet ouvrage, est la croissance de long terme que peut réaliser une économie compte tenu de sa démographie, de l'évolution de son taux d'emploi et de ses gains de productivité, et qu'elle peut différer sensiblement de la croissance dans la mesure où elle ne réagit pas aux aléas conjoncturels.

La tendance se dessine depuis le tournant du siècle. La croissance potentielle du monde s'est mise à glisser irrésistiblement de 4,6 % l'an au cours de la décennie 2000 à 3 % dans la décennie suivante puis à 2,2 % dans la décennie actuelle. Autrement dit, elle a perdu 2,4 points en vingt ans (voir graphiques 1a, 1b, 1c). En fait, au-delà des chocs, crises et autres accidents de parcours, elle n'en finit plus de ralentir depuis les années 1990. Ce ralentissement est certainement une bonne nouvelle pour les émissions de CO_2, mais sans conteste une mauvaise pour le niveau de vie de nos concitoyens et celui des habitants de la plupart des grandes économies de la planète car, concrètement, cela signifie que, quel que soit le pays, quelle que soit la région du monde, nos économies – sauf exception – sont moins efficaces, moins performantes, produisent moins de richesses que par le passé et que le revenu par habitant est obstinément orienté à la baisse, notamment dans les pays développés. Comment l'expliquer ?

Graphique 1a.
PIB en volume (croissance annuelle en % lissée sur quatre ans, Amérique)

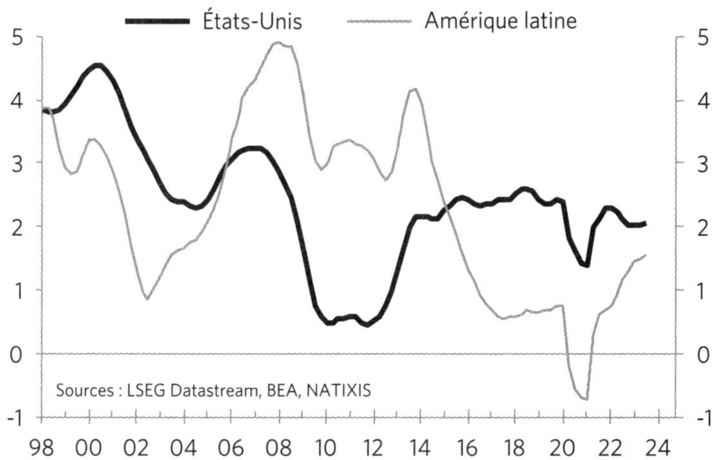

Graphique 1b.
PIB en volume (croissance annuelle en % lissée sur quatre ans, zone euro, Afrique, Japon)

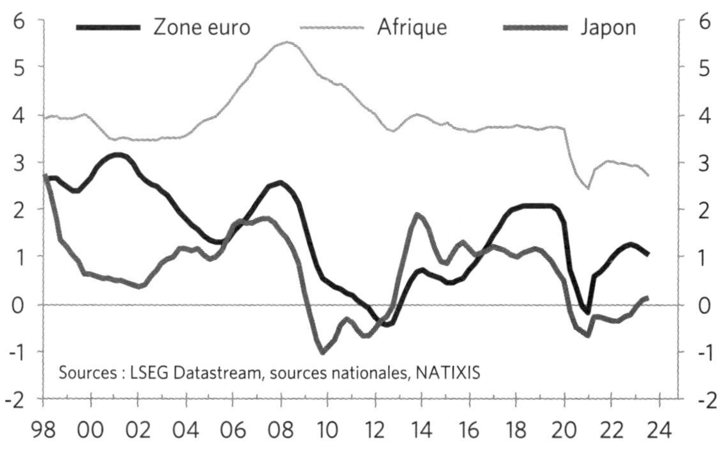

Graphique 1c.
PIB en volume (croissance annuelle en % lissée sur quatre ans, Inde, Chine, pays émergents d'Asie)

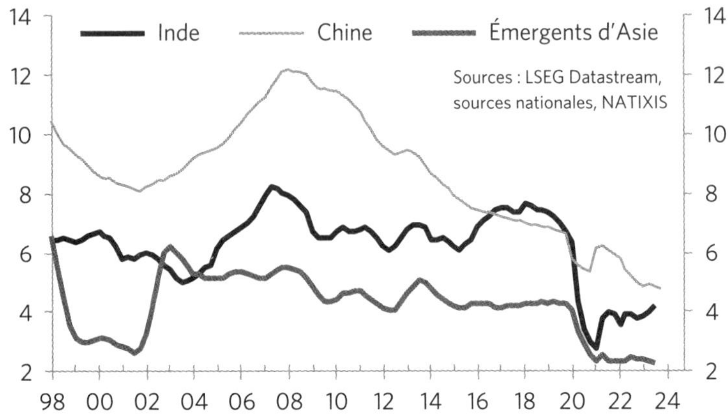

Population active, productivité, taux d'emploi… Un trio à la peine

Un tout petit rappel pour commencer : la croissance potentielle peut se résumer à la somme de trois composantes : l'augmentation de la population en âge de travailler, le niveau des gains de productivité et celui du taux d'emploi.

• **Premier élément, donc, la population en âge de travailler.** Le recul de la croissance potentielle mondiale s'explique d'abord par un facteur sur lequel démographes et économistes disposent d'une certaine visibilité, la démographie, avec le ralentissement de l'augmentation de la population en âge de travailler (20-64 ans), dont la progression annuelle est passée en trente ans de près de 2 % à moins de 0,8 %. Selon l'ONU, le nombre de personnes âgées de 65 ans et plus devrait en revanche plus que doubler d'ici à 2050 (de 761 millions d'âmes en 2021 à 1,6 milliard) tandis que le taux de fécondité, qui était encore de 2,73 au tournant du siècle, glisserait de 2,3 enfants par femme en 2023 (1,5 dans l'Union européenne) à 2,15 en 2050 puis jusqu'à 1,84 en 2100. Ainsi, le ratio entre la population active et la population totale ne cessera de se dégrader puisque la population totale diminuera moins vite que celle en âge de travailler. En Europe, par exemple, celle-ci recule depuis quelques années de 0,3 % l'an quand la population totale baisse de 0,1 % l'an seulement. Un décalage qui pèse et pèsera évidemment sur le revenu par tête (– 0,2 % l'an dans le cas de l'Europe), sur la croissance potentielle et sur les recettes fiscales, donc sur la capacité, notamment des Européens, à financer les énormes besoins d'investissements qui s'annoncent, en particulier pour financer la transition écologique.

Les pays sont toutefois inégalement touchés. Si l'on définit le vieillissement comme un recul de la population en âge de travailler, les États-Unis, l'Afrique, l'Inde, le Pakistan, les pays émergents d'Asie, le Proche-Orient ne sont pas affectés par le phénomène (et ne le seront pas à l'horizon 2050), contrairement à l'Europe, au Japon, à la Chine, l'Amérique latine, la Russie et la Corée du Sud. Les membres du premier groupe qui conservent une population active en croissance positive (même si elle n'est plus que de 0,2 % l'an aux États-Unis, par exemple) bénéficient (et bénéficieront) donc d'un double avantage : une croissance potentielle plus forte par le biais de l'augmentation de la population active et du niveau plus élevé de la productivité du travail lié à une population active plus jeune. Un atout qui trouvera sa traduction dans les chiffres de la croissance potentielle.

• **Les gains de productivité du travail constituent la deuxième composante, fondamentale, de la croissance potentielle.** Or eux aussi ont une petite mine depuis quelque temps. Dans le monde, la productivité par tête (autrement dit, la valeur ajoutée que produit chaque individu en moyenne) progresse en moyenne d'à peine 1,5 % l'an (lissé sur trois ans) contre plus de 3 % il y a trente ans, et ce en dépit de la robotisation croissante des entreprises (pour 100 emplois manufacturiers, le stock de robots industriels est passé de 0,2 à 1,2 sur la période dans le monde, de 0,6 à 2,2 dans l'OCDE), de l'effort de recherche et développement (les dépenses totales de R&D sont passées de 2 % à plus de 2,6 % du PIB en valeur, 2,8 % dans l'OCDE) et de l'augmentation du niveau d'éducation (en 2021, le nombre d'années de scolarisation chez les jeunes de 15 à 29 ans a atteint 7,7 en zone euro). Le vieillissement de la population active mais aussi la faiblesse des investissements en nouvelles technologies et des dépenses de R&D constitueraient les causes essentielles de ce « coup de mou » des gains de productivité (nous y reviendrons). Et il n'est pas certain qu'il faille compter sur l'irruption de l'intelligence artificielle (IA) pour renverser la table, au moins dans un premier temps difficile à estimer, même si certains experts considèrent qu'elle devrait finir par avoir un effet bénéfique sur la productivité. C'est une hypothèse qu'il serait bien sûr absurde d'écarter car il est beaucoup trop tôt pour évaluer avec pertinence les perspectives ouvertes par l'IA. Tout au plus, à ce stade, pouvons-nous rappeler les quelques enseignements que l'on peut tirer des déceptions suscitées par Internet.

À partir du milieu ou de la fin des années 1990, la productivité du travail n'a cessé en effet de ralentir malgré le développement d'Internet. Aux États-Unis, les gains de productivité qui étaient de 2,4 % l'an dans la seconde moitié de la dernière décennie du siècle ont glissé jusqu'à 1 % en moyenne de 2012 à 2019. La zone euro a connu la même évolution avec des gains de productivité passés de 1,3 % sur la période 1995-1999 à 0,4 % l'an en moyenne entre 2012 et 2019. Pire, ils stagnent depuis 2018 en zone euro et ont reculé aux États-Unis en 2021 et 2022 avant un net redémarrage en 2023. Autrement dit, le développement d'Internet n'a pas débouché sur une augmentation des gains de productivité. À cela, on peut avancer plusieurs explications.

La première est que les gains de productivité liés à Internet se sont concentrés sur le secteur de la « tech » sans diffuser à l'ensemble de l'économie. Or le secteur qui produit les nouvelles technologies est de petite taille. Il ne représente pas plus de 4 % des emplois aux États-Unis (en ajoutant les grandes entreprises de l'Internet, les start-up, les labos...) et 3 % des emplois en Europe. D'où, malgré des gains de productivité élevés (presque 8 % l'an), une contribution très faible à la productivité d'ensemble.

La deuxième explication est que le développement d'Internet a fait apparaître de nombreux emplois de contrôle (conformité, sécurité informatique, régulateurs...). Même si la productivité des personnes développant Internet est élevée, ces emplois de contrôle font globalement baisser la productivité du travail.

La troisième explication est que le développement des plateformes utilisant Internet (Amazon, Facebook, Uber, Instagram...) fabrique peu d'emplois très qualifiés et beaucoup de jobs peu qualifiés. Il en résulte que le niveau moyen de la productivité des emplois associés à Internet est faible. Enfin, à ces explications, il faut ajouter l'hypothèse selon laquelle on ne sait pas bien mesurer la croissance de la productivité. Hier encore, acheter un billet de train ou d'avion, par exemple, supposait une prestation de service comptabilisée dans le PIB. Aujourd'hui, ce service est assuré directement par le client, ce qui ne génère pas de valeur ajoutée et n'entre pas dans le calcul du PIB.

En tout cas, pour toutes ces raisons, le développement d'Internet ne s'est pas accompagné d'une augmentation des gains de productivité, bien au contraire. Rappelons-nous le fameux paradoxe de Solow[1] qui, déjà dans les années 1980, pointait le fait selon lequel « on [voyait] des ordinateurs partout sauf dans les statistiques de la productivité » ! Notre hypothèse est que le développement de l'IA risque d'avoir lui aussi des effets limités sur la productivité, même si on ne peut exclure une bonne surprise à long terme.

• **Enfin, le taux d'emploi est la troisième composante de la croissance potentielle.** Le rapport de l'emploi à la population en âge de travailler (ou taux d'emploi) a augmenté au cours de la période récente dans la plupart des pays (y compris en France) mais il reste variable selon les pays, ce qui signifie que certains d'entre eux (France, Espagne, Italie et, dans une certaine mesure,

1. Du nom de l'économiste américain Robert Solow.

États-Unis) disposent encore d'une certaine marge de progression. Sans parler de l'Inde qui compte 1 milliard d'âmes en âge de travailler pour seulement 540 millions de personnes en emploi, en tout cas dans l'économie formelle. Toutefois, d'autres pays (Allemagne, Japon, Canada, pays nordiques...) qui affichent des taux de chômage très bas se rapprochent désormais de la frontière à partir de laquelle il leur sera de plus en plus difficile de continuer à faire progresser leur taux d'emploi (au Japon, par exemple, il atteint déjà 80 %). C'est la raison pour laquelle, dans ces pays, on s'interroge désormais sur l'ampleur du ralentissement du taux d'emploi auquel il est raisonnable de s'attendre dans les prochaines années et sur son incidence en matière de croissance. En outre, il est également important d'avoir en tête que la baisse du taux de chômage correspond au retour sur le marché du travail de personnes peu qualifiées, ce qui est une bonne nouvelle, mais peut aussi peser sur la productivité globale du travail.

Les Européens deviennent de plus en plus pauvres

La baisse de la croissance potentielle du monde qui s'enracine dans la dernière décennie du XXe siècle n'est évidemment pas de bon augure. Il s'agit même d'une rupture puisque, historiquement, la croissance de la productivité associée au progrès technique et à l'augmentation du niveau d'éducation a toujours constitué le principal moteur de développement économique et d'amélioration du niveau de vie.

À ce stade de la réflexion, un premier élément nous interpelle particulièrement, nous, les Européens : l'explosion de l'écart de croissance entre les États-Unis et la zone euro depuis le milieu des années 1990 qui met en lumière le décrochage amorcé par le Vieux Continent depuis bientôt trente ans ! Imagine-t-on que, depuis 1995, le PIB en volume des États-Unis a progressé de 84 % quand celui de la zone euro n'a augmenté que de 51 % ? Ou encore, autre manière de dire l'ampleur du fossé qui nous sépare désormais, imagine-t-on qu'en 1995, le niveau de PIB par habitant des États-Unis était supérieur de 25 % à celui de la zone euro, alors qu'il lui est désormais supérieur de... 52 % ? Commentaire peu amène d'un éditorialiste du *Wall Street Journal* : « Les Européens sont confrontés à une nouvelle réalité économique qu'ils n'ont pas connue depuis des décennies, ils deviennent de plus en plus pauvres [...]. La vie sur un continent longtemps envié par les étrangers pour son art de vivre perd rapidement de son éclat à mesure que les Européens voient fondre leur pouvoir d'achat[1]. »

L'écart, qui s'est creusé de manière spectaculaire depuis la fin du siècle dernier, est dû à la fois à la démographie, plus favorable outre-Atlantique, et à la progression de la productivité, plus tonique. Or cet écart génère une dynamique autoentretenue en faveur de l'économie américaine puisque, calculés en pourcentage du PIB, les mêmes investissements, les mêmes dépenses de R&D, les mêmes aides publiques aux entreprises correspondent à un niveau absolu de ces investissements, de ces aides et de ces dépenses beaucoup plus élevé, amplifiant la croissance des

1. 17 juillet 2023.

États-Unis par rapport à celle de la zone euro. Exemple parmi tant d'autres : lorsque Paris annonce en grande pompe investir 200 millions d'euros dans le métavers d'ici à 2030, son promoteur américain, Meta (ex-Facebook), y a déjà englouti plus de 30 milliards de dollars. En ce qui concerne l'intelligence artificielle, l'investissement privé de la France a été chiffré à 1,7 milliard de dollars en 2022 par l'Université Stanford (Californie) contre 47 milliards aux États-Unis.

Peut-on raisonnablement espérer un renversement de tendance et une augmentation de la croissance potentielle dans les années, voire les décennies à venir, dans les différents pays/régions du monde ? Comment va se réorganiser la hiérarchie des places entre les uns et les autres et quels sont les pays/régions qui vont tirer leur épingle du jeu dans ce monde instable ?

Quel sera le poids économique de chaque pays à l'horizon 2050 ?

Pour initier la réflexion, il nous paraît essentiel, précisément en cette période marquée par de nombreuses ruptures, d'essayer d'imaginer le poids relatif de chaque économie des grands pays/régions en 2050. Nous nous sommes donc livrés à une simulation en extrapolant la tendance des trois grandes composantes de la croissance potentielle à l'horizon 2050 : gains de productivité, croissance de la population en âge de travailler et du taux d'emploi (en faisant l'hypothèse que, si le taux d'emploi est élevé, il progresse plus lentement) afin de tenter d'anticiper l'évolution du PIB (en dollars constants) dans les huit grandes régions (ou pays) du monde[1] à l'horizon 2050. Certes, l'exercice a ses limites mais les résultats (pris avec les précautions d'usage) constituent une base de départ précieuse pour imaginer comment vont évoluer – toutes choses égales par ailleurs – les poids relatifs des différentes économies à l'horizon 2050 et, partant de là, redessiner la géographie de l'économie mondiale.

Les résultats[2] (tableaux 1 et 2) dévoilent quelques surprises : avec 35,4 % du PIB mondial à l'horizon 2050 (contre 29,6 % en 2022), les États-Unis devraient rester sans discussion possible l'économie dominante à l'horizon 2050 tandis que le poids de la Chine dans l'économie mondiale (22,8 % en 2022 ; 23,5 % en 2050) devrait pratiquement stagner, celui de l'Amérique latine (7 % en 2022 ; 6 % en 2050) baisser légèrement et, surtout, celui de l'Union européenne (21,5 % en 2022 ; 15 % en 2050) et du Japon (6,4 % en 2022 ; 3 % en 2050) reculer sensiblement. Enfin, la croissance de l'Inde et du continent africain sera forte mais – en tout cas d'ici à la mi-temps du siècle – leur poids économique demeurera trop faible (6 % pour l'Inde en 2050 ; 4,65 % pour l'Afrique) pour jouer dans la cour des grands. À noter toutefois que, dans notre projection, la croissance potentielle de l'Inde est peut-être sous-estimée : si le rythme de croissance des emplois marchands observé au cours des toutes dernières années se confirme, il peut modifier très sensiblement la donne.

1. États-Unis, Union européenne, Chine, Afrique, Amérique latine, Japon, pays d'Asie de l'Est et du Sud-Est.
2. Pour l'ensemble de la démarche et des résultats, voir Patrick Artus, *Flash Économie Natixis n° 524* du 12 septembre 2023.

Tableau 1.
Croissance potentielle annuelle moyenne
et croissance potentielle cumulée entre 2022 et 2050 (en %)

	Croissance potentielle	Croissance cumulée entre 2022 et 2050
États-Unis	2,3	90,4
Union européenne	0,4	11,6
Chine	1,77	63,6
Inde	3,0	130,9
Afrique	3,6	170,5
Amérique latine	1,1	37,0
Asie de l'Est et du Sud-Est*	1,9	71,3
Japon	0,9	- 23,1

* Corée du Sud, Vietnam, Thaïlande, Malaisie, Cambodge, Indonésie, Philippines.
Source : Natixis.

Tableau 2.
PIB en dollars constants (Md$)

	2022	2050
États-Unis	20 953	39 897
Union européenne	15 205	16 972
Chine	16 177	26 466
Inde	2 959	6 833
Afrique	1 939	5 245
Amérique latine	4 974	6 814
Asie de l'Est et du Sud-Est*	4 129	7 075
Japon	4 509	3 465

* Corée du Sud, Vietnam, Thaïlande, Malaisie, Cambodge, Indonésie, Philippines.
Source : Natixis.

À noter que la radioscopie des huit pays ou régions montre que les États-Unis et les pays d'Asie de l'Est et du Sud-Est répondent aux critères qui définissent une locomotive de l'économie mondiale, autrement dit des pays dont les importations en volume sont importantes et augmentent rapidement grâce à une demande intérieure forte portée par des facteurs structurels (augmentation de la population en âge de travailler, gains de productivité rapides). C'est aussi le cas, à un moins degré, de l'Afrique et de l'Inde. En revanche, Amérique latine, Union européenne, pays de l'Opep, Chine et Japon ne répondent pas à ces critères[1]. Des résultats qui corroborent et complètent l'extrapolation ci-dessus.

L'économie américaine restera l'économie dominante de la planète

Si l'on en croit les simulations de notre modèle, le déclin relatif de l'économie américaine, un temps annoncé, notamment face à sa rivale chinoise, n'est pas pour demain. L'exemple américain fournit un exemple probant de la « bonne » économie de guerre (au sens économique s'entend…), c'est-à-dire une économie résolument fondée sur la recherche et l'innovation, une économie qui nourrit la croissance potentielle.

De ce point de vue, la comparaison entre les États-Unis et la zone euro est, comme souvent, éclairante. La population en âge de travailler augmente outre-Atlantique quand elle recule dans la zone euro (l'immigration, en particulier, est redevenue forte aux États-Unis). Le niveau

1. Pour l'ensemble de la démarche et des résultats, voir Patrick Artus, *Flash Économie Natixis n° 569* du 3 octobre 2023.

d'investissements de modernisation, de dépenses de recherche et développement (R&D) et d'innovation y est nettement plus élevé. Les firmes américaines investissent des sommes astronomiques en R&D. Dans le top 100 des leaders mondiaux qui ont investi 720 milliards de dollars en R&D en 2022, selon fDi Intelligence, 45 étaient américains (420 milliards de dollars) avec un numéro 1, Amazon, qui a investi à lui seul 73 milliards de dollars sur la R&D devant Alphabet, Meta et Apple[1]. Dans ce classement, 28 entreprises européennes ont investi à peine 150 milliards de dollars (Volkswagen étant la première européenne avec 20 milliards).

Sur le terrain de la croissance potentielle, il faut aussi parler de la capacité des États-Unis à activer un arsenal de politiques publiques qui font progresser l'investissement et la productivité. Ainsi, ils vont à n'en pas douter mettre sur la table les sommes nécessaires pour attirer le gros des investissements de la transition énergétique, devenir les champions de l'intelligence artificielle et de l'industrie technologique, et devancer la Chine et le reste du monde dans l'industrie des semi-conducteurs. Les grandes manœuvres ont déjà commencé par les 400 milliards de dollars alloués à l'*Inflation Reduction Act* (*IRA)*, la loi qui subventionne massivement le secteur des technologies vertes, des énergies renouvelables, des transports et des économies d'énergie, et les 280 milliards mobilisés avec le *Chips Act* pour remettre le pays à la pointe de l'industrie stratégique des semi-conducteurs. Sans parler de l'efficacité du modèle Darpa (Defense Advanced Research Projects

1. Alex Irwin-Hunt, « Top 100 global innovation leaders », *fDi Intelligence*, 19 juin 2023 (https://www.fdiintelligence.com/content/locations/global/global-innovation-leaders-2022-edition-82527).

Agency) qui a permis, au fil des années, l'émergence d'innovations de rupture dépassant de loin le seul cadre militaire. Sans la Darpa, en effet, dotée d'un budget de quelque 4 milliards de dollars en 2024, pas d'Internet, ni de GPS, ni de drone, ni de technologies furtives, ni de lanceurs de fusées, ni peut-être d'ARN messager puisqu'en 2013 l'Agence a investi dans une jeune start-up baptisée Moderna. De la même manière, une grande partie des progrès accomplis dans l'intelligence artificielle doit être mise au crédit de l'agence avant sûrement des avancées dans bien d'autres domaines de pointe.

Le résultat est spectaculaire : un niveau élevé des investissements en nouvelles technologies, des dépenses de R&D, du nombre de brevets déposés, sans oublier l'attractivité des États-Unis par rapport à la zone euro pour les investisseurs non résidents. Et l'on pourrait encore évoquer le dynamisme des consommateurs (le taux d'épargne brut des ménages ne dépasse pas les 8 %, contre 14 % en zone euro) ou le goût des épargnants pour le risque beaucoup plus élevé que dans la zone euro, ce qui facilite la réalisation d'investissements risqués (aux États-Unis, la capitalisation boursière pesait fin 2023 l'équivalent d'environ 160 % du PIB en valeur contre 65 % en zone euro). Il n'est donc pas étonnant que la croissance du PIB et de la productivité soit nettement plus forte de l'autre côté de l'Atlantique.

Pour toutes ces raisons, nous pensons que l'économie américaine va demeurer sans conteste l'économie dominante de la planète, d'autant que le rattrapage est toujours un exercice difficile. Avec une croissance potentielle de 2,3 % l'an, le PIB américain en volume devrait augmenter de 56 % de plus que celui de la Russie et de 27 % de plus que celui de la Chine à l'horizon 2050. Au passage, ajoutons que la stratégie de certains pays émergents de resserrement des liens économiques et commerciaux avec la Chine et la Russie et de réduction de ces liens avec les États-Unis est un mauvais calcul à long terme en raison de la diminution du poids économique de la Chine et de la Russie qui réduira les échanges commerciaux avec ces pays et leur capacité à y investir.

L'économie chinoise de demain, un destin à la japonaise ?

Depuis le début du siècle, avait commencé à émerger l'idée que, très rapidement, la Chine prendrait l'ascendant sur les grandes puissances économiques occidentales, y compris les États-Unis, conférant à l'Empire du milieu le statut enviable de locomotive du XXIe siècle. L'ascension du pays au drapeau rouge faisait figure de « marée irrépressible » pour reprendre les mots du *Global Times*, le média officiel pékinois à destination des lecteurs internationaux. Et personne n'osait douter de la réalisation future de ce « rêve chinois » visant à dépasser les États-Unis sur le terrain économique avant le centenaire de la révolution en 2049. Même en Occident, bien des experts n'avaient d'yeux que pour l'incroyable *success story* chinoise et son irrésistible taux de croissance.

Tous avaient toutefois oublié d'intégrer dans leurs projections les effets massifs du vieillissement démographique. La population chinoise devrait, selon l'ONU, diminuer de quelque 110 millions d'individus, soit près de 8 %, entre 2022 et 2050, une baisse qui devrait encore accélérer dans la seconde moitié du siècle pour ramener la population à moins de 800 millions d'âmes d'ici à 2100. Du jamais-vu en temps de paix. Depuis 2021, les familles sont autorisées, et même incitées, à avoir trois descendants, mais rien n'y fait, le taux de fécondité est descendu à 1,09 enfant par femme en 2022. Quant à la population en âge de travailler (les travailleurs âgés de 16 à 59 ans), elle diminue doucement depuis 2020 (775 millions) et devrait perdre encore 130 millions d'individus d'ici à 2050 dans un contexte où l'immigration est inexistante (la Chine souffre même d'une situation d'émigration nette).

Sans surprise, côté productivité, l'évolution est identique. Lorsqu'on compare les gains de productivité en Chine et aux États-Unis, on observe que l'écart qui était de 5,5 points par an de 2002 à 2007 en faveur de l'Empire du milieu a fondu à 3,4 points de 2010 à 2019 puis à 0,2 point de 2020 à 2023. Autrement dit, la Chine ne rattrape plus que 0,2 point par an par rapport aux États-Unis. Dans la période récente, la productivité du travail a augmenté en moyenne de 2,3 % par an, une performance médiocre compte tenu du faible niveau du PIB par habitant dû au vieillissement (compte tenu de la plus grande proportion de travailleurs âgés), à l'affaiblissement de l'investissement, à des politiques publiques défavorables aux entreprises technologiques et enfin au défaut de motivation, désormais bien documenté, des jeunes Chinois qui, de plus, sont touchés par un chômage très élevé (21 % au début de 2023, 15 % au début de 2024 chez les jeunes âgés de 16 à 24 ans). Au final, la situation de la Chine d'aujourd'hui n'est pas sans rappeler, par bien des aspects, la situation japonaise du début des années

1990 : vieillissement démographique, crise bancaire, baisse des prix mobiliers et immobiliers, insuffisance de l'investissement des entreprises, hausse de l'épargne en réaction à la baisse des prix d'actifs, inflation très faible, politiques monétaires et budgétaires très expansionnistes mais fort peu efficaces. L'indice inquiétant pour l'avenir de l'économie chinoise étant que, plus de trente ans après le début de la crise, le Japon n'est toujours pas sorti d'affaire...

La croissance potentielle chinoise devrait ainsi doucement mais sûrement décrocher d'une moyenne annuelle de 7,1 % entre 2000 et 2019 à une moyenne de 2 à 2,5 % au cours de la décennie 2020 puis à 1,3 %-1,4 % au-delà (inférieure à celle des États-Unis), ce qui représente un coup de frein considérable, lequel pourrait être encore amplifié par un certain nombre de facteurs : reprise en main de l'économie et de la société par le Parti communiste, défiance d'une population traumatisée par la gestion désastreuse de l'épidémie de Covid, excès d'endettement de l'économie chinoise (300 % du PIB en valeur en 2022 contre 120 % vingt ans plus tôt). Sans oublier l'effondrement des investissements directs des firmes étrangères en direction de l'Empire du milieu passés de 400 milliards de dollars en 2021 à 20 milliards en 2023 (pour le moment, les entreprises occidentales ne ferment pas leurs capacités existantes, mais se contentent de ne plus y investir), reflet de la dégradation brutale de l'image de la destination Chine pour les entreprises étrangères en raison du ralentissement de l'économie, de l'attitude de plus en plus hostile de Pékin vis-à-vis des firmes non chinoises, de l'augmentation du risque géopolitique, des sanctions américaines et européennes vis-à-vis de ce pays et de la perspective de nouvelles hausses des droits de douane américains et européens sur les produits chinois. Au bout du compte, des perspectives de croissance décevantes, d'ici à 2050.

L'économie indienne décolle mais la route sera longue

Parmi les « surprises » de ces dernières années, outre le ressort de l'économie américaine et la relative déconvenue autour de l'avenir de son homologue chinoise, il faut souligner le dynamisme de l'économie indienne désormais le pays le plus peuplé du monde avec 1,4 milliard d'habitants. L'Inde n'est encore que la cinquième puissance économique de la planète devant le Royaume-Uni, mais sa croissance a atteint 8,4 % en rythme annuel au 4e trimestre 2023 et devrait bientôt s'installer à moyen terme à au moins 5 % l'an, ce qui lui permettra de se hisser au troisième rang mondial dans le courant de la prochaine décennie. Le pays affiche désormais le niveau de productivité le plus élevé du monde avec le continent africain (4,5 %) et semble tirer enfin parti d'une démographie favorable (la population en âge de travailler progresse plus rapidement que la population totale) avec, depuis 2018, un phénomène de transfert de main-d'œuvre vers le secteur marchand (la population active y est passée de 460 à 540 millions en cinq ans).

Cette migration de la campagne vers les villes pour y travailler, ce transfert vers le secteur marchand constituent en effet une surprise dans la mesure où jusqu'en 2018 la population active (hors secteur informel) n'avait pratiquement pas évolué et il s'agit là d'un facteur qui peut modifier sensiblement les prévisions de croissance en raison de l'afflux supplémentaire de bras en direction du secteur marchand. Au tableau des atouts incontestables, il faut également souligner le niveau technologique désormais atteint par l'Inde avec le poids des services informatiques (9 % des emplois, 8 % de la valeur ajoutée), l'effort d'investissement (34 % du PIB en volume, en particulier dans la transition énergétique) et la croissance soutenue des dernières années assortie d'un rattrapage du revenu par habitant (environ 2 000 dollars) même si l'Inde demeure pour le moment un pays pauvre (plus de la moitié de la population vit avec moins de 650 dollars par an).

De nombreux problèmes restent en effet à régler, à commencer par l'insuffisance des infrastructures (illustrée par la catastrophe ferroviaire d'Odisha qui a fait plus de 300 morts en 2023), le délabrement du système de santé, le faible niveau d'éducation de la population en général (avec 13 % seulement de la population au niveau de l'enseignement supérieur), et de la population féminine en particulier (une femme âgée de plus de 15 ans sur trois est illettrée), le poids malgré tout encore très important de la population rurale (900 millions d'âmes, soit près de 65 % de la population totale), l'ampleur des inégalités (1 % des Indiens les plus riches détiennent 33 % de la richesse nationale), la question du statut des femmes (parmi la population âgée de plus de 15 ans, moins de 20 % des femmes travaillent), une bureaucratie tentaculaire et corrompue (l'Inde pointe à la 86e place du classement de Transparency International) qui handicape le pays, sans oublier de grandes villes ravagées par la pollution, et enfin la faiblesse du revenu par habitant qui explique le modeste poids des importations de l'Inde dans le commerce mondial (le pays ne génère que 2 % des exportations mondiales contre plus de 15 % pour la Chine). La liste est longue d'éléments qui, de notre point de vue, alimentent un doute quant à la capacité de l'Inde à jouer un rôle de locomotive de l'économie mondiale. En tout cas, à l'horizon qui nous intéresse.

De la même manière, il peut paraître surprenant que les économies intermédiaires comme celles de l'Amérique latine ou de l'Europe de l'Est soient confrontées à un vrai déclin de leurs gains de productivité qui leur interdit pour le moment tout rattrapage par rapport à l'économie américaine. Un phénomène dû aux problèmes associés à l'état de leurs infrastructures et de leurs systèmes éducatifs, notamment. L'Amérique latine, par exemple, souffre d'une défaillance criante dans ces deux domaines et une politique d'investissement adaptée serait susceptible de susciter un saut de productivité qui changerait la donne. Ce n'est pas le cas actuellement car ces pays intermédiaires n'épargnent pas suffisamment et sont confrontés à un problème de gouvernance bien sûr, de mauvaise utilisation de l'argent public, mais aussi à une absence d'épargne et à un taux d'investissement bas. Autant d'éléments qui confirment les projections de notre modèle mais qui pourraient être contredits si ces pays prenaient les mesures et effectuaient les investissements nécessaires (notamment en matière de gouvernance, d'infrastructures et d'éducation) car ils pourraient alors enregistrer un saut de productivité très important. C'est en tout cas une des surprises possibles de notre scénario.

L'économie européenne en plein décrochage

Nous terminerons notre tour d'horizon par la région qui nous intéresse au premier chef, la zone euro. La productivité du travail y stagne depuis 2017 et cette stagnation associée à l'écart avec les États-Unis suffit à caractériser l'ampleur du problème. Depuis 1995, la productivité du travail par tête a augmenté de 44 % de moins de ce côté-ci que de l'autre côté de l'Atlantique. Un décrochage qui s'explique à la fois, on l'a dit, par le vieillissement plus rapide de la population en âge de travailler, l'insuffisance chronique de l'investissement dans les nouvelles technologies et des dépenses en R&D, la faible taille du secteur des nouvelles technologies et la baisse de la durée effective du travail. Est-ce transitoire ? Est-ce durable ? Tels sont aujourd'hui les termes du débat. Les points de vue des experts sont partagés quant à la progression de la productivité du travail en zone euro dans le futur.

Les optimistes considèrent qu'il y aura redressement des gains de productivité. Il suffit pour cela de faire un effort substantiel en matière de R&D, de corriger l'excès d'emploi dans les entreprises, surtout industrielles, d'accompagner la disparition des entreprises zombies apparues pendant la crise sanitaire et qui ont survécu parfois uniquement grâce à l'abondance des aides publiques, de « mettre le paquet » sur le développement de l'intelligence artificielle et d'améliorer substantiellement les compétences de la population active.

Les pessimistes, en revanche, estiment que la stagnation de la productivité de la zone euro, qui remonte à 2017, c'est-à-dire avant la crise sanitaire, est liée à une certaine désaffection pour le travail qui se traduit par une augmentation de l'absentéisme et une baisse de la durée effective du travail (elle a diminué de 5 % en vingt ans), au retour à l'emploi de salariés peu qualifiés avec la baisse du taux de chômage (en zone euro, le taux de chômage des personnes à faible niveau d'éducation est passé de 20 % en 2014 à 10 % en 2024), aux problèmes de compétences de la population active comme le montrent régulièrement les enquêtes PISA (sur l'évolution des acquis des élèves de 15 ans) et PIAAC (sur l'évolution des compétences des adultes) de l'OCDE.

Si la thèse optimiste se révèle pertinente, c'est-à-dire s'il y a redressement des gains de productivité, il y aura baisse de l'inflation, augmentation des revenus réels et des recettes fiscales. En revanche, si la thèse pessimiste se confirme, ce que semble pronostiquer notre modèle (la zone euro passerait, rappelons-le, de 21,5 % du PIB mondial en 2022 à 15 % en 2050) et ce que nous redoutons, l'économie de la zone euro se caractérisera, dans les années qui viennent et au-delà, par une croissance lente, par la persistance d'une inflation plutôt élevée et par des difficultés accrues pour les finances publiques compte tenu de l'évolution prévisible des taux d'intérêt, sauf à faire mentir ces sombres perspectives grâce à une politique (notamment monétaire et budgétaire) très offensive pour extirper l'Europe du piège à croissance faible. Nous y reviendrons en détail[1].

1. Voir chapitres 8 et 9.

Pour conclure ce voyage dans la machine à explorer les temps qui viennent, résumons ces données en un scénario sinon probable, du moins crédible à nos yeux : la croissance potentielle du monde aura bien du mal à se redresser sensiblement d'ici à 2050 et ce d'autant plus que la transition énergétique risque de peser aussi sur les gains de productivité. L'économie américaine en restera sans conteste la principale locomotive même si nous évoluons désormais dans un monde où plusieurs grandes puissances économiques n'auront de cesse de rivaliser. Notamment dans le groupe des pays dits émergents. On peut en effet être optimiste pour ceux de ces pays qui affichent une croissance potentielle assez élevée (tous sauf les pays d'Amérique latine), qui ne souffrent ni d'un déficit extérieur structurel ni d'une dette extérieure importante et ne sont pas importateurs massifs de matières premières (Chine, pays émergents d'Asie de l'Est et du Sud-Est), qui ont des infrastructures (en particulier d'énergie et de transport) suffisamment développées (Amérique latine, Chine, pays émergents d'Asie de l'Est et du Sud-Est) et enfin un niveau d'éducation de la population suffisamment élevé (tous sauf l'Afrique). De ce point de vue, on peut être plus optimiste pour la Chine (malgré son vieillissement démographique) et les pays émergents d'Asie que pour l'Amérique latine, l'Inde (en tout cas à l'horizon 2050) ou l'Afrique, dont la productivité est certes élevée (4,5 %) mais qui est lourdement handicapée par des problèmes de gouvernance et d'instabilité politique.

Quoi qu'il en soit, pour tous les pays de la planète sans exception, l'histoire n'est pas encore écrite et beaucoup d'options restent ouvertes dans un contexte où les incertitudes, pour ne pas dire les ruptures, prévisibles ou… imprévisibles, sont légion. Nous avons choisi d'en explorer six qui nous paraissent quoi qu'il arrive comme autant de nouvelles tendances structurelles susceptibles de déplacer les lignes et de bousculer notre scénario, donc la hiérarchie des places, à l'horizon 2050. Nous commencerons par le vieillissement démographique, qui nous paraît s'imposer comme l'un des enjeux majeurs des prochaines décennies.

CHAPITRE 2

Au temps (pas vraiment) béni du papy-boom

L'hiver démographique s'installe et la France en est toute chagrinée. Avec 678 000 naissances recensées dans l'Hexagone en 2023, les Français n'avaient jamais fait aussi peu de bébés depuis la Seconde Guerre mondiale. Le chiffre 2023 correspond à une baisse de 6,6 % par rapport à l'année précédente et représente presque 20 % de moins qu'en 2010 où l'état civil enregistrait encore plus de 830 000 nouveau-nés. Avec un indice de fécondité de 1,68 enfant par femme (2,03 en 2010), le taux de fécondité tricolore reste encore au plus haut dans l'Union européenne, mais se rapproche inexorablement de celui de nos voisins (1,58 en Allemagne, 1,25 en Italie en 2021). De quoi mettre un petit coup au moral d'un pays qui a toujours fait du dynamisme de ses naissances un motif de fierté et *a contrario* du recul de la fécondité l'un des symptômes du déclin. Parallèlement, l'allongement de l'espérance de vie (80 ans chez les hommes,

85,7 chez les femmes) accélère le vieillissement de la population. Non seulement les Français font moins de bébés mais ils vivent plus longtemps. Désormais, indique l'Insee, un(e) Français(e) sur cinq est âgé(e) de 65 ans et plus, un(e) sur dix d'au moins 75 ans. Voici venu le temps du papy-boom. Une tendance qui n'est pas nouvelle mais dont le mouvement s'accélère depuis la crise sanitaire.

Le phénomène n'a rien d'une spécialité française. Tous les pays de l'Union européenne sont logés à la même enseigne. Du nord au sud de ce Vieux Continent, qui porte de mieux en mieux son nom, les femmes font moins d'enfants aujourd'hui qu'hier, posant notamment le problème du financement de l'État-providence aux pays qui l'ont inventé. En 2022 (derniers chiffres disponibles), les plus de 65 ans représentaient 21,1 % de la population européenne contre 18 % en 2012 et 16 % en 2002. Cette année-là, le nombre de naissances en Italie est passé, par exemple, sous la barre symbolique des 400 000 (à 393 000), le chiffre le plus bas jamais enregistré depuis 1861, date de l'unification italienne. Et les chiffres provisoires 2023 annoncent une nouvelle baisse. Le nombre annuel de nouveau-nés s'est effondré de 30 % en une décennie et avec le taux de fécondité le plus bas d'Europe (1,24 enfant par femme), l'Italie aura bien du mal à inverser la tendance. Globalement, le vieillissement démographique observé en Europe est beaucoup plus accentué que celui constaté aux États-Unis et la tendance est appelée à durer (voir graphique 2).

L'Europe est touchée mais n'est pas la seule concernée. Le vieillissement affecte aussi un certain nombre

Graphique 2.
Population âgée de 15 à 64 ans (en % par an)

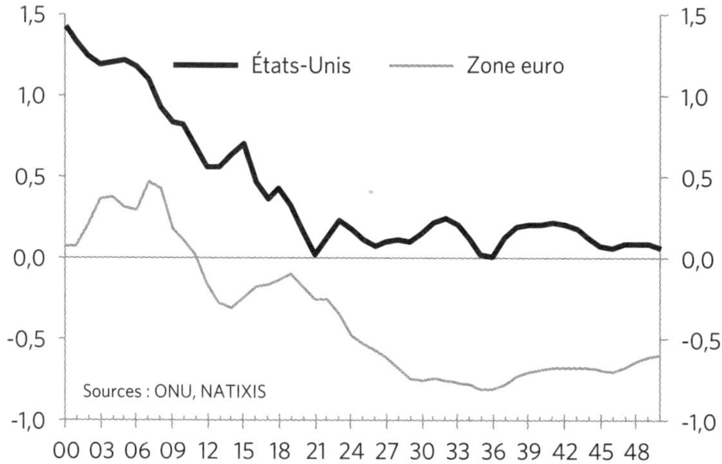

de pays sur la planète : Japon, Chine, Corée du Sud notamment… Les Chinoises, par exemple, n'ont eu en moyenne que 1,1 enfant en 2022. Le taux de fécondité des Sud-Coréennes est en chute libre (0,7 enfant par femme) et la population devrait passer de près de 52 millions d'habitants actuellement à 36 millions dans cinquante ans. Quant à la Chine, qui a perdu au profit de l'Inde le titre de pays le plus peuplé du monde en 2023, elle a vu sa population amorcer sa baisse en 2022 (avec 1,41 milliard de Chinois fin 2023, elle a perdu 2 millions d'habitants par rapport à 2022), prémices d'une longue glissade qui, selon les démographes, devrait se prolonger jusqu'à la fin du XXIe siècle en raison d'un taux de natalité à son plus bas niveau depuis la création de la République populaire en 1949. Au cours des sept dernières années, le nombre des naissances a été presque divisé par deux (de 18 millions en 2016 à

9,6 millions en 2022). Même si ce chiffre se stabilise, la population chinoise devrait diminuer de 50 % voire plus d'ici à 2100.

D'un point de vue strictement économique, ce phénomène de vieillissement qui touche de manière inégale de nombreux pays dans le monde (voir graphique 3) constitue un élément majeur à prendre en compte dans une réflexion de long terme car il aura de nombreuses incidences sur la croissance de ces pays comme sur leur modèle social. Dans les pays développés, à commencer par la France, la générosité des systèmes sociaux risque d'être remise en cause : sans renouvellement des générations, certains d'entre eux, adossés à une croissance faible, une baisse des gains de productivité et un surendettement public et privé, ne seront tout simplement pas tenables.

Graphique 3.
Monde : taux de fécondité (en %)

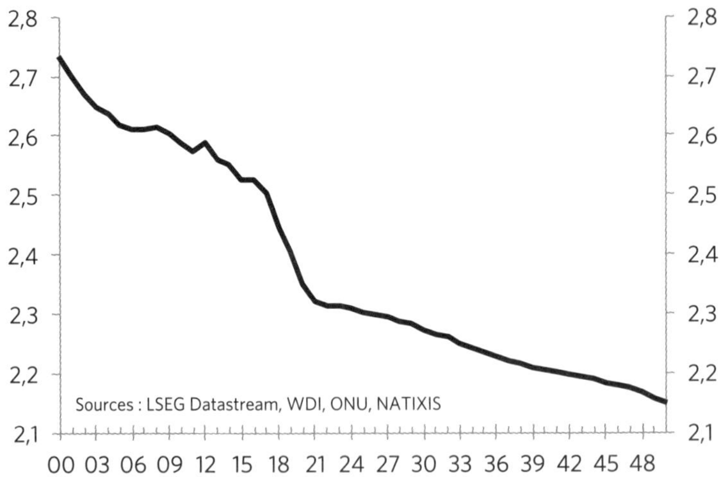

Quand vieillissement rime avec appauvrissement

Dans une réflexion économique sur le vieillissement, l'évolution de la population en âge de travailler et celle du ratio population en âge de travailler/population totale constituent des indicateurs clés. Dans les années 1940, les enfants de moins de 15 ans étaient sept fois plus nombreux que les personnes de 65 ans et plus sur la planète. Un siècle et quelques années plus tard, autour de 2050, les deux groupes seront à peu près équivalents et le mouvement est déjà amorcé. En Europe, par exemple, la population totale a baissé de 0,1 % par an dans les années récentes quand celle en âge de travailler reculait de 0,3 %. À partir de 2030, c'est-à-dire pratiquement demain, la population en âge de travailler dans le monde représentera une proportion de plus en plus faible de la population totale et le ratio baissera même rapidement et fortement (voir graphique 4) Si l'on se projette vraiment dans le temps long, on constate que la population en âge de travailler ne progressera que de 0,26 % l'an en moyenne d'ici à la fin du siècle quand la population totale augmentera de 0,34 % et la population âgée de plus de 65 ans de 1,54 %. Cet élément clé de l'évolution de la population en âge de travailler jouera un rôle important dans l'évolution de la croissance potentielle de chaque pays car tous ne sont pas logés à la même enseigne et d'ici à 2050 les poids démographiques des différentes régions auront sensiblement évolué.

Graphique 4.
Monde : population de 20 à 64 ans (en % de la population totale)

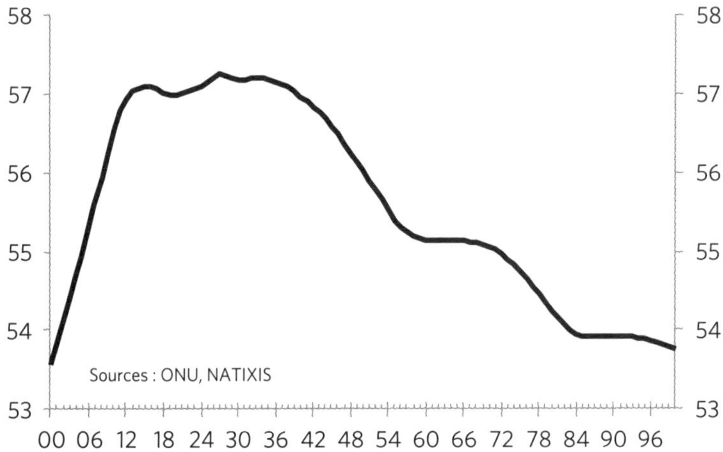

On observe en effet une progression spectaculaire de la population en âge de travailler en Afrique et, dans une moindre mesure, en Inde, en Amérique latine et dans les pays émergents d'Asie (hors Chine et Inde), tous pays qui seront en mesure de tirer profit de ce que l'on appelle le « dividende démographique », quand le revenu par habitant augmente plus vite que le PIB. Ces pays bénéficient en outre du faible poids relatif de leurs dépenses de retraite et de santé, ce qui leur permet d'orienter leurs dépenses publiques vers une utilisation plus productive et de limiter la pression fiscale pesant sur leurs habitants. Un atout qui doit faciliter leur performance économique, et c'est le cas en Inde et en Asie du Sud-Est, même s'il n'est pas forcément suffisant (voir encadré 1). Avec une population en âge de travailler relativement stable, les États-Unis se situent dans une situation intermédiaire. En revanche, les démographes anticipent un recul important en Chine, dans l'Union européenne (notamment en Italie,

Grèce, Espagne, Portugal, Pologne), en Corée du Sud et au Japon. Les projections à l'horizon 2100 suggèrent que la population en âge de travailler ne progressera que de 0,26 % par an entre 2023 et 2100 quand la population totale augmentera de 0,34 % et celle des plus de 65 ans de 1,54 %. Des évolutions qui ne seront pas sans conséquences sur celle de la croissance potentielle dans les différents pays/régions du monde.

Encadré 1.
Le « dividende démographique »,
une condition nécessaire mais insuffisante…

Selon la théorie dite « du dividende démographique », les pays dont la population active (en âge de travailler) augmente plus vite que la population totale sont dans une situation favorable. Ils bénéficient en effet, théoriquement, d'un supplément de croissance et profitent en outre soit d'une pression fiscale plus faible que les autres pays, soit d'une capacité à orienter les dépenses publiques vers des utilisations qui stimulent la croissance en raison du faible poids relatif des dépenses de santé et de retraite. Si cette théorie est valide, les pays où l'évolution de la structure par âge de la population est favorable (Amérique latine, Afrique, Inde, pays émergents d'Asie hors Chine et Inde) devraient bénéficier d'un supplément de croissance par rapport aux autres pays. Toutefois, la recherche d'un supplément de croissance dans les pays qui bénéficient d'une structure démographique favorable montre que la théorie fonctionne pour l'Inde et les pays émergents d'Asie, mais pas en Amérique latine et en Afrique dont la performance en termes de croissance devrait être meilleure compte tenu de la démographie mais dont la productivité reste plombée par la médiocrité de la gouvernance, des infrastructures, des systèmes éducatif et de santé. Avoir une démographie favorable est certainement une condition nécessaire, mais elle ne suffit pas à garantir une performance économique[1].

Un double impact sur la croissance potentielle et les finances publiques

La tendance qui se dessine sur l'évolution de la population en âge de travailler va faire l'effet d'une bombe démographique en raison de l'impact du ratio population en âge de travailler/population totale sur le revenu par habitant, sur la croissance et sur les finances publiques des pays touchés par le vieillissement.

Lorsque la population en âge de travailler (les 15-64 ans) diminue plus vite que la population totale, la production par personne active augmente en effet plus vite que la production par habitant. Il s'ensuit inévitablement un appauvrissement du pays concerné puisque le PIB par habitant progresse plus lentement que le PIB par personne en âge de travailler. En comparant les pays de l'OCDE, on observe clairement une corrélation négative entre l'âge moyen de la population active et les gains de productivité. On peut avancer comme explication que les salariés âgés sont moins productifs que les plus jeunes lorsqu'ils exercent un travail manuel, et s'adaptent moins vite aux nouvelles technologies lorsqu'ils occupent une

1. Pour l'ensemble des calculs, voir Patrick Artus, « La théorie du dividende démographique est-elle valide ? », *Flash Économie Natixis n° 323* du 2 juin 2023.

fonction intellectuelle. La baisse des gains de productivité provoque un ralentissement de la croissance potentielle (la croissance de long terme). Une perte de revenu qui risque d'être amplifiée par le fait que les pays où la croissance attendue est faible (notamment parce que le vieillissement est associé à un affaiblissement de la croissance de la demande intérieure) séduisent moins les investisseurs que les pays où elle est plus forte, qu'ils soient nationaux ou étrangers. Dans un contexte de besoins toujours croissants en dépenses publiques, une telle situation est peu enviable car elle incite les gouvernements soit à pratiquer une politique budgétaire continûment restrictive, soit à tolérer un déficit public guetté en permanence par l'obésité. Ce qui, dans les deux hypothèses, ne va pas sans conséquence.

Le vieillissement pèse aussi, logiquement, sur les finances publiques. Il est en effet naturel de penser que les dépenses publiques sont destinées à la population totale (santé, retraites, éducation, sécurité...) alors que les recettes fiscales dépendent étroitement de la population en âge de travailler. Le calcul est vite fait : quand la population totale recule moins que la population en âge de travailler de manière structurelle, il en résulte forcément un déficit public structurel croissant (au Japon comme en Chine et en Italie, il tourne autour de 5 % du PIB en valeur).

Le vieillissement peut également être à l'origine d'une crise de l'immobilier résidentiel car, lorsqu'ils atteignent l'âge de la retraite, les ménages deviennent vendeurs des logements dans lesquels ils ont auparavant placé leur épargne, sur un marché où il y a moins d'acheteurs (les jeunes sont moins nombreux) que de vendeurs (les vieux sont plus nombreux). Il en découle un excès d'offre et un recul important des prix de l'immobilier. On observe déjà cette situation puissance dix en Chine, où la crise immobilière (avec notamment la liquidation du géant Evergrande) est violente. Une bombe à fragmentation (les activités immobilières représentent quelque 30 % du PIB chinois) qui ébranle la santé financière des acteurs du secteur, des banques et des collectivités locales ainsi que le niveau de vie des classes moyennes. En 2023, les ménages, dont le patrimoine était investi aux trois quarts dans l'immobilier, ont vu leur patrimoine fondre d'un tiers en quelques mois avec les risques politiques et sociaux associés.

Enfin, dans un contexte de faibles gains de productivité, le vieillissement démographique a également un impact sur la répartition entre les générations et pourrait bien nourrir *in fine* un conflit intergénérationnel, avec des effets opposés en matière de revenu et de patrimoine. D'une part, le maintien du pouvoir d'achat des personnes âgées de plus de 65 ans ne pourra se faire qu'au détriment de celui des actifs (effet revenu au détriment des plus jeunes). D'autre part, le recul annoncé des prix de l'immobilier, avec un nombre de vendeurs supérieur à celui des acheteurs, profitera aux plus jeunes et sera défavorable aux retraités qui souhaiteront céder leur patrimoine immobilier (effet patrimoine au détriment des plus âgés).

C'est dire combien il est important de tenir compte des différents effets négatifs du vieillissement démographique sur la croissance future dès lors que le vieillissement pèse sur les gains de productivité, la croissance potentielle, les recettes fiscales et les prix de l'immobilier.

Comment mieux dire qu'en Europe notamment le temps du papy-boom ne devrait pas tellement ressembler à un temps béni ?

La zone euro parmi les régions les plus touchées

Il est en effet possible de faire le lien entre l'ensemble des déséquilibres macroéconomiques de la zone euro avec le vieillissement démographique à partir de l'enchaînement suivant :

- **le vieillissement diminue la population en âge de travailler** plus que la population totale, ce qui fait baisser structurellement la production par habitant. En 2030, la tranche des 15-64 ans sera sur un rythme de baisse de 0,75 % l'an quand la population totale ne diminuera « que » de 0,1 %, ramenant le ratio population des 15-64 ans/population totale de 0,67 en 2002 à 0,61 en 2030 (voir graphique 5) ;
- **le vieillissement est associé à un recul des gains de productivit**é comme le montre la comparaison entre pays de l'OCDE sur la période 2002/2022 (voir supra) ;
- **le vieillissement provoque une augmentation structurelle de l'inflation**. L'enquête régulièrement réalisée auprès des entreprises par la Commission européenne sur les facteurs qui limitent la production montre qu'à partir de 2017 (sauf en 2020 avec le Covid) l'insuffisance de la demande disparaît comme facteur explicatif tandis qu'apparaissent l'insuffisance des équipements disponibles et les difficultés de recrutement.

Graphique 5.
Zone euro : population (en % par an)

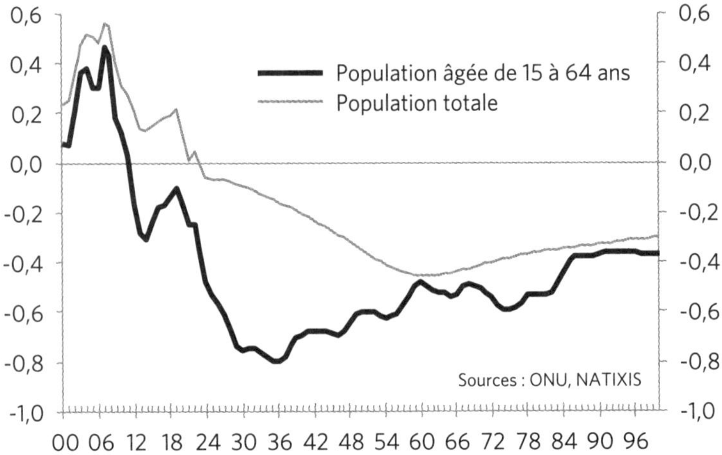

Ce changement de régime économique (avec excès de la demande de biens sur l'offre de biens) est lié à l'augmentation du poids des inactifs dans la population totale et au recul des gains de productivité lié au vieillissement de la population en âge de travailler et implique une hausse structurelle des prix ;

– le passage à une situation d'excès de demande de biens, alors que la zone euro avait connu jusqu'alors une situation d'excès d'épargne, implique une insuffisance (*ex ante*) d'épargne par rapport à l'investissement, d'où **une hausse des taux d'intérêt réels à long terme et une difficulté à financer les investissements nécessaires**, en particulier pour la transition écologique (énergie, eau, biodiversité), ce qui à terme ne peut qu'aggraver la situation d'excès de demande de biens et services ;
– au final, il faut redouter **un déséquilibre durable des finances publiques** avec le ralentissement de la croissance potentielle et l'augmentation des taux d'intérêt

réels. La hausse de l'inflation, donc de l'inflation anticipée, et l'augmentation des taux d'intérêt réels liée à l'insuffisance d'épargne (à la situation d'excès de demande de biens et services) conduisent à une forte hausse des taux d'intérêt nominaux à long terme. Le recul de la croissance et la hausse des taux d'intérêt à long terme vont entraîner le maintien de déficits publics élevés (en 2023, celui-ci représentait un peu plus de 3 % du PIB en valeur) et le retour d'une hausse du taux d'endettement public (en 2023, celui-ci était proche de 93 % du PIB en valeur).

Cet enchaînement de déséquilibres macroéconomiques liés au vieillissement que nous avons analysé pour la zone euro[1] vaut aussi pour le Japon, les pays européens non membres de la zone euro et le Royaume-Uni. Il confirme que le vieillissement fabrique un véritable cercle vicieux et que (directement et par son effet sur les gains de productivité) il jouera dans les trente prochaines années un rôle majeur quant à l'évolution du poids des différentes économies de la planète. Il fait aussi peser une menace réelle sur l'avenir des modèles sociaux, notamment sur le modèle social français (voir encadré 2). Pour les pays les plus touchés, dont l'Union européenne, l'enjeu est d'empêcher que le vieillissement pèse sur leur croissance de long terme, donc sur le niveau de vie de leurs habitants.

1. Pour le détail des calculs, voir Patrick Artus, « Les enchaînements des déséquilibres dans la zone euro à partir du vieillissement démographique », *Flash Économie Natixis n° 621* du 27 octobre 2023.

Encadré 2.
Le modèle social français résistera-t-il au vieillissement ?

En France, l'augmentation du nombre de retraités par actif va se poursuivre à long terme (voir graphique 6), une évolution qui entraînera donc, à système de retraite inchangé, un renchérissement continuel du montant des dépenses de retraite (13 % du PIB en valeur en 2022). De la même manière, l'augmentation du pourcentage de personnes âgées dans la population française entraînera une hausse des dépenses de santé, lesquelles, on le sait, augmentent sensiblement avec l'âge. En vingt ans, de 2002 à 2022, celles-ci sont déjà passées de 7,3 % à 9,1 % du PIB. À générosité constante des systèmes de retraite et d'assurance-maladie, le vieillissement va impliquer une augmentation très importante des dépenses de retraite et de maladie. Et comme les autres postes importants de dépenses publiques (éducation, sécurité et justice, défense, charge de la dette) ne vont pas diminuer, bien au contraire, la question va se poser de la pérennité du système social français. La collectivité nationale se retrouvera face à deux possibilités : soit continuer à augmenter la pression fiscale pour compenser l'augmentation des dépenses de protection sociale (retraite, santé, logement, familles et enfants), soit renoncer à maintenir la générosité du modèle social français. Par exemple en n'assurant plus que la prise en charge des maladies graves ou coûteuses par le système public de santé ou en introduisant une dose de capitalisation à la charge des personnes dans le système de retraite. Des perspectives nécessairement impopulaires.

Graphique 6.
France : ratio entre le nombre de retraités et le nombre d'actifs

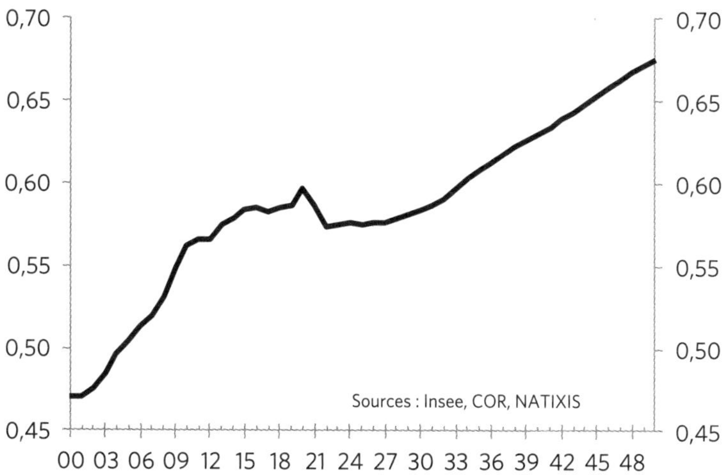

Lutter contre les effets du vieillissement, une course de fond

La bataille du vieillissement ne ressemble guère à un *blitzkrieg,* plutôt à une course de fond. Il n'est possible ici que d'évoquer quelques pistes susceptibles d'en limiter l'impact sur la croissance potentielle, donc sur le niveau de vie des populations concernées.

1. **Travailler à la hausse du taux d'emploi.** Commençons par une de nos obsessions favorites : toutes choses égales par ailleurs, le niveau du taux d'emploi constitue un atout majeur pour éviter l'appauvrissement et la dégradation des finances publiques associés au vieillissement démographique. Toutefois, il s'agit forcément d'une solution de court et moyen terme pour (et uniquement

pour) les pays où celui-ci est encore anormalement faible : France (68 %), Espagne (65 %), Italie (60 %), Corée du Sud (68 %) et, dans une certaine mesure, États-Unis (72 %). En revanche, il est déjà élevé, voire très élevé, et rend une poursuite de la hausse improbable, au Canada (75,5 %), en Allemagne (77 %), au Royaume-Uni (75 %) et au Japon (80 %).

2. **Faire le pari de l'innovation.** En comparant les pays de l'OCDE, on voit qu'une augmentation de l'investissement en nouvelles technologies, de la R&D et de la robotisation, l'utilisation de l'intelligence artificielle sont systématiquement associées à une augmentation des gains de productivité susceptible de compenser le recul de la croissance de la population active et de stabiliser la croissance potentielle. Or tel n'a pas été le cas au cours des dernières années. Au contraire, il y a eu baisse du taux d'investissement tant public que privé et on peut regretter que l'augmentation significative de la richesse financière et immobilière depuis vingt ans n'ait pas été utilisée pour financer un supplément d'investissement des entreprises et du secteur public dans les grands pays de l'OCDE. Ces investissements supplémentaires auraient permis de stabiliser la croissance potentielle malgré le vieillissement démographique et il faut souhaiter que ces grands pays décident d'investir massivement dans les années qui viennent.

3. **Mener des politiques familiales généreuses.** L'effet produit par les politiques publiques sur le taux de fécondité est controversé. L'exploration de quelques indices économiques tels que la corrélation entre taux de fécondité et dépenses publiques pour la famille (allocations,

congés de maternité et de paternité longs, disponibilité en nombre suffisant de crèches…) dans les pays de l'OCDE montrent quand même que celles-ci ne sont sans doute pas tout à fait inutiles. Les pays qui dépensent le plus (et, espérons, le mieux) en politiques familiales affichent un taux de fécondité plus robuste. On l'observe en Europe, par exemple, où les pays du Sud dépensent 1 à 1,5 % de leur PIB pour la famille quand ceux du Nord, dont la France en l'occurrence fait partie, dépensent plutôt le double. Un écart qui, parmi d'autres éléments, se retrouve dans les chiffres de la fécondité. D'une manière générale, il s'agit de lever les obstacles économiques et sociaux qui contribuent à la diminution des naissances : des places en crèche (il en manque 300 000 en France aujourd'hui) à l'équilibre vie professionnelle/vie privée en passant par les difficultés croissantes rencontrées par les jeunes adultes pour trouver un travail et un logement, ce qui n'encourage guère les couples à avoir des enfants. Mais tous les sociologues savent que le désir de mettre des enfants au monde dépend aussi d'autres facteurs plus impalpables, à commencer par la confiance que l'on a dans l'avenir (l'incertitude, par exemple, figure parmi les principales raisons invoquées par les 30 % de jeunes femmes de 18 à 49 ans qui déclarent ne pas avoir d'enfant et ne pas en vouloir[1]…) et que, même si des politiques familiales plus généreuses sont mises en place, il ne faut pas en attendre un effet positif sur la croissance de la population en âge de travailler avant… vingt-cinq ans.

1. Selon un sondage IFOP pour le magazine *Elle*, septembre 2022.

4. **La politique d'immigration.** Le Canada, l'Allemagne, l'Espagne, les États-Unis et le Royaume-Uni utilisent depuis longtemps l'immigration pour compenser le vieillissement démographique, ce qui n'est pas le cas de l'Italie, de la France, de la Corée du Sud ou du Japon. Le choix de ce deuxième groupe de pays peut être associé à des raisons culturelles et/ou politiques mais aussi au vieillissement qui provoque une augmentation du chômage (*via* le recul de l'investissement, la faiblesse de la productivité et de la croissance potentielle) que l'opinion sera tentée d'attribuer à l'immigration, renforçant ainsi son opposition à tout accueil migratoire.

Sur un plan purement macroéconomique, nous pensons qu'une politique d'immigration réfléchie et bien calibrée permettrait au contraire aux pays qui y sont réticents de générer un supplément de production et donc de croissance. Celle-ci présente en effet de nombreux avantages dont certains totalement à rebours des idées reçues. Par exemple, en faisant baisser le chômage et monter les salaires réels. Lorsque les immigrés occupent des emplois dont les nationaux ne veulent pas (restauration, entretien, logistique…), il y a complémentarité (et non substituabilité) des emplois, et cela produit du revenu supplémentaire qui crée lui-même un supplément d'activité et d'emploi dans les autres secteurs et une hausse des salaires. Le raisonnement vaut aussi pour les emplois qualifiés et très qualifiés (médecins, chercheurs, ingénieurs…). Sur ce créneau, où le chômage est faible et où la plupart des salariés ont un emploi, les immigrés occupent des emplois non pourvus, ce qui, là encore, contribue à augmenter le revenu global. Signalons, à propos des emplois qualifiés, une réalité qui bat en brèche les idées reçues : en France, par exemple, 32 % des immigrés (étrangers ou naturalisés) ont un niveau d'éducation supérieur à bac + 3 quand les Français ne sont que 19 %, ce qui signifie qu'en réalité les immigrés améliorent le niveau d'éducation et de qualification de la population active de l'Hexagone. Enfin, il est également inexact de soutenir que l'immigration représente un coût pour les finances publiques dès lors que le PIB supplémentaire produit par les immigrés l'emporte sur leurs dépenses de protection sociale. Les travaux de spécialistes tel l'économiste Hippolyte d'Albis[1] montrent que desserrer au moyen d'une politique ciblée et maîtrisée la contrainte de l'immigration améliorerait en réalité le bien-être collectif.

1. Hippolyte d'Albis, Ekrame Boubtane et Dramane Coulibaly, « Macroeconomic evidence suggests that asylum seekers are not a "burden" for Western European countries », *Sciences Advances*, 20 juin 2018.

CHAPITRE 3

Fragmentation du monde, le temps des « hautes clôtures »

Notre histoire commence par une sorte d'oraison funèbre : « La mondialisation est presque morte, le libre-échange est presque mort et je ne pense pas qu'ils reviendront de sitôt. » La phrase, prononcée par Morris Chang, 91 ans, le fondateur du producteur de puces électroniques taïwanais TSMC, à l'occasion du lancement, le 6 décembre 2022, de la construction de deux usines de semi-conducteurs près de Phoenix (Arizona), a fait le tour du monde. Il faut dire que l'orateur du jour n'est pas n'importe qui : c'est lui qui, dans les années 1980, a donné le coup d'envoi de la grande vague de mondialisation de l'industrie électronique. Quarante et quelques années plus tard, c'est comme s'il en célébrait les funérailles, non sans un certain goût pour la dramatisation devant une assemblée qui comptait notamment le président américain Joe Biden et Tim Cook, le P-DG d'Apple !

Alors que les tensions s'exacerbent sur la planète, l'avenir du commerce mondial apparaît, il est vrai, plus incertain aujourd'hui qu'hier. Ces dernières années ont été émaillées d'innombrables entorses à la liberté des échanges tandis que le mot « fragmentation » commençait à faire les beaux jours des politiques, des chefs d'entreprise et autres experts. La mondialisation synonyme de fluidité du commerce international n'est plus dans l'air du temps. Tout à coup, il n'est plus question de laisser les économies ouvertes à tous les vents, la « sécurité économique » est devenue un objectif hautement désirable.

Après la chute du mur de Berlin, l'effondrement de l'Union soviétique et l'adhésion de la Chine à l'OMC, le chercheur en sciences politiques américain Francis Fukuyama avait théorisé, chacun s'en souvient, la « fin de l'Histoire » tandis que Thomas L. Friedman, éditorialiste vedette du *New York Times*, célébrait cette terre devenue plate comme une limande, « sans frontières commerciales ni politiques, sous le double effet de la globalisation et de la révolution numérique[1] », inaugurant en quelque sorte une période qui allait durer une trentaine d'années au cours de laquelle États et entreprises ne se sont pas fait prier pour encaisser les « dividendes de la paix », rêvant que la guerre économique et les questions de souveraineté appartiennent au passé, définitivement remisées au magasin des accessoires d'une époque révolue.

---

1. Thomas L. Friedman, *La Terre est plate. Une brève histoire du XXIe siècle*, Éditions Saint-Simon, 2006.

Se protéger avec un petit jardin et une haute clôture

Comme souvent, ce sont les États-Unis qui ont sifflé la fin de la parenthèse enchantée. Lors d'un discours remarqué, prononcé le 27 avril 2023 à la Brookings Institution, Jake Sullivan, le conseiller national à la Sécurité des États-Unis, a consacré la nouvelle doctrine en précisant sa vision de la stratégie économique de Washington. Une stratégie de combat grâce à laquelle les États-Unis entendent protéger leurs « technologies fondamentales [...] avec un petit jardin et une haute clôture », selon la formule employée par le conseiller de Joe Biden. Avec d'autres mots, la présidente de la Commission européenne, Ursula von der Leyen, ne dirait pas autre chose quelques semaines plus tard : « L'intégration mondiale et l'ouverture des économies ont constitué une force positive pour nos entreprises, notre compétitivité et notre économie [...]. Mais nous devons aussi être lucides sur un monde qui est devenu plus contesté et géopolitique[1] », avant d'annoncer pour la première fois la mise en œuvre d'une stratégie de « sécurité économique » pour garantir la souveraineté de l'Union européenne. Or l'histoire nous enseigne que lorsque l'impératif de sécurité en vient à supplanter celui de liberté dans les discours, sur le front des échanges, le système commence à se gripper. Ce n'est pas un hasard si le dernier *Rapport sur le commerce mondial en 2023* de l'OMC[2] opposait « fragmentation »

1. À l'occasion d'un discours à Bruxelles le 20 juin 2023.
2. Septembre 2023.

et « remondialisation ». Comme si le commerce mondial risquait de devoir s'accommoder de bien mauvais jours…

Avec la crise sanitaire puis la montée des tensions internationales et la multiplication des conflits de toutes natures, un certain nombre de signaux suggèrent en tout cas que notre monde est entré dans un nouveau cycle. Les experts du FMI ont recensé quelque 2 600 nouvelles barrières commerciales érigées rien qu'en 2022, six fois plus qu'en 2017 et douze fois plus qu'en 2012. Sur terre comme sur mer, c'est tout le réseau planétaire d'échanges qui est devenu vulnérable comme le montre depuis la fin de 2023 la menace terroriste qui plane sur la sécurité du trafic dans le canal de Suez où transitent quelque 20 000 navires chaque année. Autant de raisons pour que les élites du monde entier prennent le risque de fragmentation au sérieux et que les entreprises réorganisent et simplifient leurs chaînes d'approvisionnement au profit de pays amis, si possible proches géographiquement. Quant aux économistes de toutes les grandes institutions internationales, ils ont entrepris sans plus attendre de faire tourner leurs modèles pour tenter d'évaluer ce que cette « fragmentation » pourrait bien coûter en points de PIB mondial. La directrice générale du FMI, Kristalina Georgieva, a fait elle-même la synthèse de tous ces travaux : « Selon les scénarios, [le coût de la fragmentation] pourrait atteindre entre 0,2 % et 7 % du PIB mondial. 7 %, le cas extrême, équivaudrait à exclure l'équivalent de deux pays comme l'Allemagne et le Japon de l'économie mondiale[1]. » Incontestablement, le fond de l'air mondial a fraîchi et avec lui le cours de la mondialisation.

1. Interview au journal *Le Monde*, 13 novembre 2023.

Le mythe de la mondialisation heureuse a vécu

En réalité, le commerce international n'a pas attendu les chocs successifs provoqués par la crise sanitaire et les guerres en Ukraine puis au Proche-Orient pour commencer à ralentir dès 2012-2013. Ou plus exactement à progresser moins vite que par le passé. Jusque-là, lorsque le produit intérieur brut (PIB) mondial en volume progressait de 1 %, les échanges de biens augmentaient de 2 %. À partir de 2013, ils se sont mis à progresser à peine plus vite que le PIB, avant de décrocher chaque année un peu plus. Depuis 2018, lorsque le PIB mondial augmente de 1 %, le commerce mondial de biens n'augmente plus que de 0,6 % et moins encore depuis le deuxième semestre 2022. Les échanges de services, en revanche, continuent à progresser plus vite que le PIB (7 % en volume en 2023), mais ils sont 3,6 fois plus petits.

Ce ralentissement, mesuré mais réel, est d'abord, tout simplement, la conséquence d'une croissance qui elle aussi n'est plus tout à fait aussi dynamique que par le passé. Le processus fonctionne dans les deux sens : la croissance mondiale ralentit parce que les échanges ralentissent et les échanges ralentissent parce que la croissance mondiale ralentit ! Les échanges de biens pâtissent aussi du vieillissement de la population mondiale (les personnes âgées consomment moins de biens et davantage de services). Enfin, et peut-être surtout, le ralentissement reflète l'humeur du temps et les tensions géopolitiques qui se sont multipliées au cours des dernières années.

Le mythe de la mondialisation heureuse a probablement vécu qui reposait notamment sur l'idée que le commerce est bon pour tout le monde et que la libéralisation des mouvements de capitaux améliore l'efficacité de l'allocation des ressources. Nous savons désormais que ce n'est pas vrai. En tout cas pas pour tout le monde, certains groupes et/ou nations étant gagnants, et d'autres perdants. Depuis des années déjà, la vitalité des échanges se heurte au ressentiment de certains pays du Sud global face aux ambitions qu'ils considèrent comme hégémoniques des pays riches ainsi qu'à la méfiance des opinions publiques occidentales, promptes elles aussi à accuser la mondialisation de tous les maux. Quant aux tensions géopolitiques, elles commencent à produire des effets commerciaux. C'est conforme au cours de l'Histoire. Celle-ci n'a-t-elle pas finalement toujours alterné les vagues de protectionnisme et de libre-échange en fonction des soubresauts stratégiques du monde ? Les moments de relative concorde internationale, sans conflit majeur, s'accompagnent en général d'une grande fluidité du commerce international tandis que les périodes de turbulences géopolitiques sont propices au retour en force du protectionnisme.

Faut-il pour autant parler de « déglobalisation » comme on l'entend souvent depuis quelque temps ? Il semble que nous n'en soyons pas tout à fait là. Les signes de « déglobalisation » touchent en effet essentiellement le commerce international des biens (avec, en premier lieu, un recul violent des exportations de la Chine vers les États-Unis lié aux sanctions américaines vis-à-vis des productions chinoises) tandis que les échanges de services restent en croissance forte. De même, si les investissements directs d'entreprises étrangères en Chine s'effondrent depuis 2022 (ils sont tombés de 400 milliards de dollars en 2021 à 20 en 2023), les investissements directs vers les autres pays émergents continuent à progresser. Enfin, on constate aussi que le poids du dollar dans les échanges financiers et commerciaux augmente encore (avec 88,5 % des transactions sur les marchés des changes et 44,8 % des paiements des transactions internationales en 2022), preuve que la globalisation financière continue elle aussi de progresser.

Jusqu'à preuve du contraire, l'impact de la fragmentation du monde sur les échanges commerciaux reste donc limité et le fait le plus spectaculaire porte sur le ralentissement des échanges de biens entre la Chine et les États-Unis. Arrêtons-nous un instant sur l'épisode emblématique de la guerre des puces qui fait rage entre les deux pays, et – un ton en dessous – avec l'Europe, remettant en cause des décennies de mondialisation d'une industrie devenue clairement l'élément clé de l'électronique tant civil (voitures, smartphones, ordinateurs, grille-pain…) que militaire (missiles téléguidés, radars, drones, intelligence artificielle…) et, par le fait même, le nerf de la guerre économique du futur.

Semi-conducteurs : le symbole de l'affrontement Washington/Pékin

Entre Washington et Pékin, la guerre couve depuis que Pékin a lancé en 2015 son plan *Made in China 2025* destiné à acquérir et/ou maîtriser les technologies de pointe de demain. Elle est déclarée depuis qu'en 2019, Washington a décidé d'appliquer à Huawei sa stratégie de la « haute clôture » en couchant le géant chinois des télécoms sur sa liste noire et en l'empêchant brutalement d'acheter le moindre composant sur le marché américain. Huawei serait bientôt rejointe par une trentaine de firmes chinoises avec lesquelles les entreprises américaines ont interdiction de commercer sauf à y avoir été dûment autorisées. L'affrontement est encore clairement monté d'un cran trois ans plus tard. Redoutant d'être dépassé par Pékin dans ce domaine si stratégique des semi-conducteurs essentiels au fonctionnement des ordinateurs, smartphones et quantité d'appareils électroniques, grâce notamment au succès de Yangtze Memory Technologies Corporation (YMTC) et de ses puces-mémoires flash, le gouvernement américain a annoncé des restrictions sévères à l'exportation des semi-conducteurs de pointe au nom de la « sécurité nationale » et afin « d'empêcher l'armée de la République populaire de Chine ainsi que ses services de renseignement et de sécurité d'acquérir des technologies sensibles pouvant être utilisées à des fins militaires ». Du jour au lendemain, YMTC s'est ainsi retrouvée privée de ses fournisseurs américains indispensables à la production de ses puces-mémoires ultrasophistiquées car si la Chine est leader dans l'assemblage, l'emballage, les tests et la distribution, elle accuse toujours un certain retard dans la fabrication et reste dépendante de l'étranger pour l'approvisionnement en semi-conducteurs avancés et en machines qui permettent de les fabriquer.

La stratégie américaine tient en quelques mots : tenir à distance et courir plus vite. Washington a en effet brutalement pris conscience des progrès considérables accomplis par la Chine dans la bataille pour la conquête des relais de croissance de demain, notamment dans les nouvelles technologies. La tenir à distance, c'est donc tout simplement l'empêcher d'acquérir toute technologie de pointe en matière de microprocesseurs. Citant l'effet « multiplicateur » de la technologie des microprocesseurs, et tandis qu'un flou grandissant est entretenu par Pékin entre les usages civils et militaires, Washington a estimé que maintenir deux générations technologiques d'avance ne suffisait plus. L'invasion de l'Ukraine a achevé de démontrer que le contrôle des exportations pouvait constituer un atout stratégique pour l'Amérique et ses alliés lorsque, toujours *dixit* Jake Sullivan, la Russie a été obligée d'utiliser des puces de lave-vaisselle pour ses équipements militaires ! En mars 2023, Washington a embarqué les gouvernements hollandais et japonais dans sa croisade afin qu'eux aussi mettent en place un système de licences pour interdire l'exportation des machines indispensables à la production des puces les plus sophistiquées dans tous les pays considérés comme « dangereux », en particulier la Chine. Dernier épisode en date destiné à freiner les progrès technologiques de la Chine : Washington a encore renforcé les sanctions en décembre 2023 en bloquant l'exportation vers Pékin des machines de gravure de composants ultrasophistiqués du néerlandais ASML.

Parallèlement, les États-Unis veulent courir plus vite, c'est-à-dire avoir la capacité de produire sur leur territoire (ou sur des territoires amis) les puces les plus performantes, alors que leur champion Intel s'est laissé distancer par le taïwanais TSMC et le sud-coréen Samsung. Fin septembre 2023, l'usine irlandaise du géant américain a commencé à produire des processeurs Intel Core Ultra avec le nouveau procédé de fabrication Intel 4, qui emploie la technologie EUV (*extreme ultraviolet*) du néerlandais ASML pour obtenir une finesse de gravure de 4 nanomètres, le minimum jamais atteint par Intel pour des puces commercialisées. Située à Leixlip, près de Dublin, cette nouvelle unité de production a coûté près de 17 milliards d'euros. Elle symbolise la volonté de Pat Gelsinger, le P-DG d'Intel, de recentrer la production des puces les plus avancées en Europe et aux États-Unis, alors que l'Asie du Sud-Est concentre encore aujourd'hui les trois quarts de la fabrication de semi-conducteurs dans le monde. Les États-Unis espèrent porter de 10 à 30 % d'ici à 2030 leur part de marché dans le secteur.

Cette guerre froide technologique accélère la réorganisation du secteur. Chaque camp essaie d'attirer à lui des pays producteurs pris entre deux feux : la Corée du Sud, le Japon et Taïwan. Ainsi, Washington a proposé à Séoul, Tokyo et Taïpei de former une alliance baptisée Chip 4. Elle devrait réunir les États-Unis (champions des écosystèmes et des équipements), le Japon (leader dans l'approvisionnement en matériaux clés), Taïwan (au top de la fabrication des puces électroniques de dernière génération) et la Corée du Sud (experte des puces-mémoires). Un projet à rapprocher de la promulgation, en août 2022, par le président américain Joe Biden du *Chips and Science Act,* un texte qui vise à relancer la production de semi-conducteurs sur le sol américain assorti d'une enveloppe de 280 milliards de dollars d'aides dont près d'un tiers est promis aux entreprises de semi-conducteurs, le reste à la recherche-développement. Une manne dont l'octroi est sous conditions, notamment en ce qui concerne les investissements.

En retrait de cette confrontation, les Européens ne sont pas pour autant absents de la bataille car ils ne peuvent laisser leur continent ouvert à tous les vents quand l'Amérique et la Chine font assaut de règles limitant l'accès à leur marché. D'où l'entrée en vigueur de leur propre *Chips Act* en septembre 2023. Il a pour objectif de renforcer le leadership du Vieux Continent, de le doter des capacités suffisantes pour peser sur l'échiquier mondial de ce secteur hautement stratégique, se donner les moyens d'instaurer un rapport de force avec le reste du monde et de garantir la sécurité de l'approvisionnement. Aujourd'hui, l'Union européenne produit moins de 10 % des semi-conducteurs dans le monde contre 40 % il y a trente ans et dépend à 80 % de l'Asie et à 60 % de Taïwan pour son approvisionnement. Doté de 42 milliards d'euros d'argent public, le *Chips Act* doit accompagner des investissements privés. D'ici à 2030, une centaine de milliards d'euros devraient être investis dans les semi-conducteurs en Europe pour porter à 20 % la part de l'UE à la fin de cette décennie. Un objectif sans doute peu réaliste mais fixé pour stimuler les ambitions des principaux acteurs. Le *Chips Act* doit aussi faciliter l'implantation de *megafabs* étrangères en Europe, car « l'Europe reste un continent ouvert, mais à ses conditions », a déclaré le commissaire européen Thierry Breton. Un bon résumé de l'humeur du jour, une humeur désormais faite de méfiance pour cette fluidité des échanges célébrée aux plus belles heures de la mondialisation heureuse.

Un monde plus cher et moins efficace…

La « viscosité » nouvelle qui caractérise désormais le commerce international a évidemment un coût en termes de croissance car la multiplication des obstacles aux échanges fait sensiblement baisser l'élasticité du commerce mondial de biens par rapport au PIB mondial. Nous nous sommes livrés à un petit calcul. Si celle-ci était restée à son niveau antérieur à 2017, époque à partir de laquelle le nombre d'obstacles aux échanges s'est considérablement accru, la croissance du commerce mondial de biens aurait été supérieure de 5,9 points à ce qu'elle a réellement été en 2022 et de 2 points en rythme annuel à ce qu'on a observé au 1er trimestre 2023. Ce ralentissement par rapport à ce que le commerce mondial de biens aurait été si son élasticité au PIB était restée la même que par le passé a conduit à un ralentissement de la croissance du PIB que nous évaluons à 0,15 point par an aux États-Unis, 0,3 point au Japon, 0,6 point en Chine comme en zone euro, entre le 1er trimestre 2022 et le 2e trimestre 2023[1]. Le calcul vaut ce qu'il vaut, mais il permet d'avoir en tête un ordre de grandeur.

La viscosité dessine aussi un monde plus cher dès lors que fragmentation rime avec inflation. Une inflation due aux droits de douane, au fait que les relocalisations dans les pays de l'OCDE conduisent à une forte augmentation des coûts de production (autour de 50 %) par rapport à leur niveau dans les pays émergents et à l'inefficacité des pays de l'OCDE par rapport aux pays émergents, en particulier la Chine, pour effectuer des productions à grande échelle. Revenons un instant sur l'exemple de TSMC en Arizona et sur les doutes soulevés par Morris Chang quant à la capacité de TSMC à produire aux États-Unis dans des conditions aussi favorables qu'à Taïwan, des doutes confirmés par l'expérience des derniers mois :

1. Pour le détail de la démarche et des calculs, voir Patrick Artus, « L'effet des obstacles au commerce mondial sur la croissance des différentes régions », *Flash Économie Natixis n° 627* du 31 octobre 2023.

si, vu de Washington, le projet de construire une usine TSMC en Arizona était cohérent avec sa nouvelle stratégie (créer de l'emploi sur place tout en permettant à Apple de vendre des téléphones avec des composants *made in USA*), sa mise en œuvre a rencontré (et rencontre encore) de nombreuses difficultés (pénurie de main-d'œuvre qualifiée, nécessité de faire de nombreux allers-retours entre Taïwan et les États-Unis, ce qui contribue à renchérir et à ralentir le processus de production) tandis que le démarrage de la production ne cesse d'être différé. L'aventure TSMC confirme que le retour d'une certaine viscosité dans l'organisation de la production et des échanges est synonyme de prix plus élevés et dessine un monde plus cher et moins efficace dès lors que la théorie classique des avantages comparatifs ne s'applique plus.

Les pays émergents grands perdants de la fragmentation du monde ?

Jusqu'où ira finalement l'impact du ralentissement du commerce mondial sur la croissance des uns et des autres et de quel côté la balance finira-t-elle par pencher ? Faut-il parier sur un approfondissement de la fragmentation de l'économie mondiale avec la confirmation du rejet des approches collaboratives, la montée en puissance des blocs régionaux, le raccourcissement des chaînes de valeur ou au contraire sur un *revival* des processus d'intégration associé à une coopération internationale revisitée et mobilisée pour affronter les grands problèmes de l'heure (sécurité nationale, lutte contre la pauvreté, accès aux ressources rares, paix, décarbonation et croissance durable) ?

Il est prématuré de trancher entre les deux scénarios, mais on ne peut pas nier que des forces centrifuges sont à l'œuvre en faveur d'une remise en cause plus ou moins agressive de la globalisation avec la multiplication des mesures non coopératives, des politiques protectionnistes, des relocalisations, sans oublier le raccourcissement des chaînes de valeur. La question mérite d'autant plus d'être posée que le nouvel équilibre économique du monde qui nous a fait passer en quelques années de l'abondance à la rareté – notamment dans les domaines de l'énergie, des matières premières, y compris agricoles, de certains biens intermédiaires... – est propice au développement de nombreuses tensions, à la fois économiques et politiques, notamment entre les pays producteurs et les pays importateurs de ressources énergétiques comme de matières premières au sens large[1]. Et ce d'autant que les dépendances peuvent se transformer en armes de guerre comme l'ont montré récemment la Russie avec l'énergie et surtout la Chine avec les matières premières ou les équipements clés de la transition énergétique (voitures électriques, batteries, panneaux solaires, éoliennes...). On observe déjà, on l'a dit, une croissance plus faible des échanges entre « blocs géopolitiques » (l'Occident *versus* le Sud global) plutôt qu'au sein de ces blocs[2]. Et si tel n'est pas encore vraiment le cas pour les investissements directs, les experts du FMI redoutent que, dans les années à venir, les préférences géopolitiques déterminent aussi de plus en plus le périmètre géographique des investissements

1. Voir à ce sujet Patrick Artus et Olivier Pastré, *De l'économie d'abondance à l'économie de rareté*, Odile Jacob, 2023.
2. André Cartapanis, professeur émérite à Sciences Po Aix, caractérise ces blocs géopolitiques à partir des votes à l'assemblée générale des Nations unies.

directs à l'étranger (IDE) avec, au final, un impact sur la croissance mondiale[1]. Notamment pour les pays en développement.

Avec une démarche différente, deux économistes américains, Eddy Bekkers (OMC) et Carlos Goes (Université de San Diego), parviennent à la même conclusion. Ils ont divisé l'économie mondiale en deux blocs géopolitiques – Est (Chine, Russie et leurs alliés) et Ouest (États-Unis et leurs alliés) – et se sont penchés sur l'impact des conflits sur le commerce, la croissance et l'innovation[2]. La spécificité de leur approche tient au fait qu'ils ont inclu dans leur modèle la dimension « diffusion des idées » considérée comme une source de gains importante issue des échanges. De leurs travaux, il ressort qu'à long terme la perte de PIB d'un scénario de fragmentation serait plus importante dans les pays du Sud global, qui ainsi bénéficieraient moins des retombées technologiques des pays riches, une perte de PIB qui pourrait atteindre de 8 à 12 % selon les pays (contre 1,2 à 8 % de PIB dans les pays « riches »). De ce point de vue, le cas du Brésil ou de certains pays d'Afrique mérite que l'on s'y attarde un instant. On observe en effet que, pour des raisons essentiellement idéologiques, ces pays ont resserré leurs liens économiques (liens commerciaux, investissements directs) avec la Chine et la Russie et se sont au contraire éloignés économiquement des États-Unis. Une stratégie déraisonnable puisqu'en s'associant de manière privilégiée avec deux pays vieillissants et promis à une croissance faible plutôt qu'avec la première économie

1. *Perspectives de l'économie mondiale. Une reprise cahoteuse*, FMI, avril 2023.
2. Carlos Goes, Eddy Bekkers, *The Impact of Geopolitical Conflicts on Trade, Growth and Innovation*, OMC, 4 juin 2022.

de la planète, ils compromettent tout simplement leur croissance future.

Mais, précisent les experts du FMI[1], les pays développés ne sont pas eux non plus à l'abri des risques associés à la fragmentation du monde dès lors qu'ils détiennent d'importants stocks d'IDE dans des secteurs stratégiques. Selon eux, une réorganisation significative des chaînes d'approvisionnement pourrait certes renforcer la sécurité nationale et leur permettre de conserver un avantage technologique, en particulier vis-à-vis de pays qui ne partagent pas les mêmes valeurs démocratiques, mais elle réduira aussi la diversification et les exposera davantage aux chocs macroéconomiques. Une réorganisation plus ou moins sauvage des chaînes de valeur risque également de priver les pays d'accueil, qu'ils soient émergents ou avancés, des effets positifs liés à l'arrivée de firmes étrangères dans un pays (concurrence, transferts de technologie, développement des entreprises locales situées en aval…).

Des stratégies d'adaptation à la nouvelle donne

Face à la nouvelle donne internationale, chacun ajuste son modèle, réfléchit à une nouvelle stratégie. Les pays tels l'Allemagne, la Chine ou la Corée du Sud (et, dans une moindre mesure, Singapour, le Vietnam, la Belgique, la Hongrie, la Slovénie, la République tchèque, la Suisse, la Thaïlande, la Pologne ou l'Autriche) qui avaient jusque-là fondé leur croissance sur le mercantilisme, autrement dit sur la forte croissance de leurs exportations, sont les premiers

1. *Perspectives de l'économie mondiale. Une reprise cahoteuse*, *op. cit.*

concernés. Cette stratégie qui suppose le libre-échange, le maintien de coûts de production aussi bas que possible et un taux de change déprécié pour assurer une compétitivité forte, sans oublier une croissance modeste de la demande intérieure afin de réserver les capacités de production pour l'exportation, n'est plus de saison. Ces pays vont donc devoir modifier en profondeur leur stratégie économique en apportant tous leurs soins à la demande intérieure. Une mutation délicate en raison, pour certains pays, du vieillissement démographique (Allemagne et Chine) et, pour les autres, de leur faible taille (la substitution de la demande intérieure aux exportations étant alors très difficile).

D'une manière générale, le rafraîchissement du fond de l'air au cours des dernières années invite tous les pays, grands et petits, à réfléchir aux moyens de s'adapter à la nouvelle donne. Avec l'*Inflation Reduction Act* (*IRA*) voté en 2022, les États-Unis ont engagé une stratégie offensive qui associe leadership technologique, réindustrialisation et transition énergétique. La Chine tente de marier économie administrée à l'intérieur et contrôle des marchés mondiaux stratégiques comme les terres rares. La Russie a basculé dans une véritable économie de guerre centrée sur la production d'armements et la reconfiguration de ses échanges en direction de la Chine et des pays du Sud global. Quant aux autres grands émergents, tels l'Inde, l'Indonésie, le Vietnam, le Brésil, la Turquie ou les monarchies du Golfe, écartelés entre l'Occident et les autocraties, ils s'efforcent de défendre leurs intérêts et de pousser leurs pions à la faveur de la désintégration de l'ordre mondial qui régnait depuis 1990.

Enfin, l'Union européenne cherche à se réarmer économiquement, ce qui suppose notamment de s'émanciper des règles et autres procédures bureaucratiques qui parfois la paralysent et de rompre avec une certaine naïveté face aux ambitions de ses principaux concurrents. Ajoutons à cela que la fragmentation du monde, si elle venait à se confirmer, ne favoriserait pas la gestion des grands problèmes planétaires, à commencer par la conduite de la transition écologique, les risques qui pèsent sur l'approvisionnement en eau et sur la biodiversité, les famines et les pandémies, la régulation de l'intelligence artificielle… L'histoire économique ne démontre-t-elle pas que se couper du monde et encourager l'inefficacité par des mesures de restriction des échanges a toujours conduit à un appauvrissement généralisé ? Mais pour conclure sur une note optimiste, soulignons que pour le moment, malgré la guerre froide qui gagne certaines régions et certains secteurs, l'interdépendance reste vivace même si sa gestion pose problème et appelle une nouvelle régulation. Les « hautes clôtures » n'ont pas encore gagné la partie.

CHAPITRE 4

Quand l'industrie redevient un objet de désir

Qui aurait pu croire, il y a seulement une quinzaine d'années, que les pays riches redécouvriraient avec les yeux de Chimène ces grands projets industriels qui, il n'y a pas si longtemps encore, étaient considérés comme polluants pour l'environnement, éprouvants pour les ouvriers, agressifs pour le paysage, voire dangereux pour l'écosystème, bref terriblement « ancien monde » ! Depuis des décennies, l'industrie n'intéressait plus grand monde dans les pays « riches » et la voilà soudain redevenue un objet politique. Et un objet désirable. Partout dans les pays de l'OCDE, les opinions publiques déstabilisées par la baisse du niveau de vie, le spectre du déclassement, sans parler des pénuries et des risques de dépendance révélés tant par la crise sanitaire que par le conflit ukrainien, en attendent désormais monts et merveilles. La question industrielle a en outre fini par (re)devenir un problème politique de première grandeur en mettant l'accent sur les conséquences sociales de la mondialisation. Aux États-Unis où l'on a observé la bascule d'États démocrates de tradition industrielle (à commencer par la *Rust Belt* du Nord-Est) dans le camp trumpiste en 2016 (en attendant novembre 2024). En Allemagne où la crise du modèle mercantiliste et les déboires des industries intensives en énergies (chimie et sidérurgie) fragilisent économiquement et politiquement les populations de régions entières comme la Ruhr. En France enfin où des décennies de désindustrialisation et leur terrible cortège de fermetures d'usines ont contribué à alimenter la grogne sociale, notamment le mouvement des Gilets jaunes.

Depuis quelques années, nous vivons la fin d'une époque bercée, on l'a dit, par la douce mélodie de la mondialisation heureuse, un système favorable au bien-être mondial (il ne faut jamais oublier que la mondialisation a sorti des millions d'êtres humains de la misère), mais peu attentif au bien-être local. Au petit jeu des avantages comparatifs, certains pays – à commencer par la France – ont laissé filer des pans entiers de leur industrie avant de s'apercevoir que le coût social de la saignée en termes d'inégalités de revenu et de pauvreté était bien supérieur à l'avantage en gains de pouvoir d'achat (0,1 point par an dans les pays de l'OCDE depuis la décennie 1990 selon nos calculs[1]). La crise sanitaire, bientôt relayée par une succession de conflits armés avec leurs conséquences sur l'équilibre politique mais aussi économique du monde, ont fait office de révélateurs avec la prise de conscience de la nécessité de maîtriser les approvisionnements en matières premières critiques et de prévenir les pénuries. D'autant

1. Pour le détail des calculs, voir Patrick Artus, « Le bilan de la mondialisation », *Flash Économie Natixis n° 630* du 2 novembre 2023.

que, parallèlement, la montée en puissance de la Chine dans certains secteurs stratégiques a attiré l'attention des Occidentaux sur les risques associés à une dépendance technologique tandis que, au moment où la guerre frappe à nouveau à la porte, le nombre de secteurs considérés comme stratégiques ne cesse de grandir. Sans oublier la pression exercée par l'urgence de la transition énergétique quand on sait que la Chine produit aujourd'hui les trois quarts des panneaux solaires et des batteries et les deux tiers des véhicules électriques. Une situation inacceptable pour les États-Unis comme pour les pays européens. On sait désormais à quel point la disparition de l'industrie est une plaie pour la croissance des économies des pays développés, pour le niveau de vie de leurs habitants voire pour la sécurité de leurs régimes démocratiques. Nous voici donc au début d'une redistribution des cartes considérée comme stratégique par tous les grands pays de la planète.

L'emploi industriel a reculé partout

On entend souvent la thèse selon laquelle l'ouverture des échanges avec les pays émergents à partir des années 1990 a certes permis aux consommateurs des pays de l'OCDE d'avoir accès à des produits moins chers fabriqués dans les pays émergents mais a aussi provoqué la désindustrialisation de nos pays et le remplacement des emplois industriels par des emplois de services moins qualifiés et moins bien rémunérés. Un examen plus approfondi éclaire un diagnostic plus nuancé selon que l'on parle de la valeur ajoutée ou de l'emploi.

En réalité, l'Italie et surtout l'Espagne sont les seuls grands pays de l'OCDE pour lesquels on peut attribuer la responsabilité du recul de la valeur ajoutée manufacturière à la globalisation. Entre 1990 et 2022, la valeur ajoutée dans l'industrie manufacturière est passée de 15 % à moins de 11 % du PIB en volume en Espagne et de 16 à 14,5 % en Italie, selon les chiffres du FMI. Elle accuse aussi une baisse en Allemagne mais pour se stabiliser à un niveau encore élevé (de 23 à 20 % du PIB). En revanche, la part de l'industrie manufacturière dans le PIB s'est pratiquement maintenue aux États-Unis (de 12 à 11 % du PIB), en France (de 10,5 à 10 %), globalement en zone euro (à 15,5 %), et au Royaume-Uni (autour de 9 % du PIB), voire a même légèrement augmenté en Suède (de 11 à 13 %) et au Japon (de 20 à 22 % du PIB).

En revanche, le poids de l'emploi industriel dans l'emploi total a effectivement reculé absolument partout en raison d'une baisse du poids des produits manufacturiers dans la demande totale et de gains de productivité élevés dans l'industrie. La baisse est spectaculaire dans pratiquement tous les pays de l'OCDE. Allemagne, Japon et Italie sauvent les meubles avec chacun 15 à 16 % de l'emploi total, mais l'emploi industriel est passé sous la barre des 10 % aux États-Unis (9 %), en Espagne (9 %), au Royaume-Uni (7,5 %) et la franchit à peine en Suède (11 %) et en zone euro (13 %). Quant à la France, elle a subi une saignée sévère avec une baisse de 16,5 % à un peu plus de 8 % de l'emploi industriel sur la période (voir graphiques 7 et 8).

Graphique 7.
Valeur ajoutée dans l'industrie manufacturière
(en % du PIB en volume)

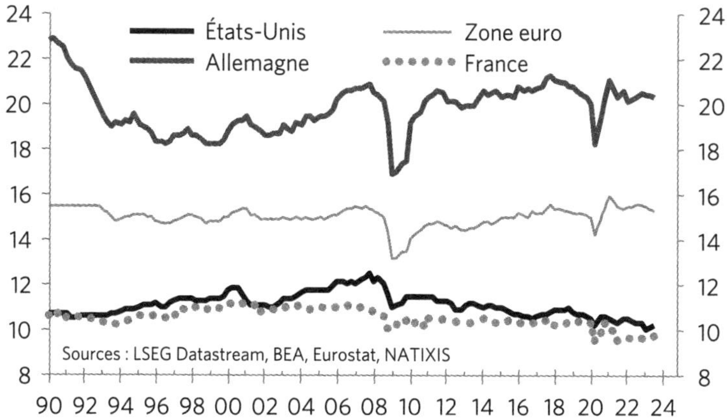

Graphique 8.
Emploi manufacturier
(en % de l'emploi total)

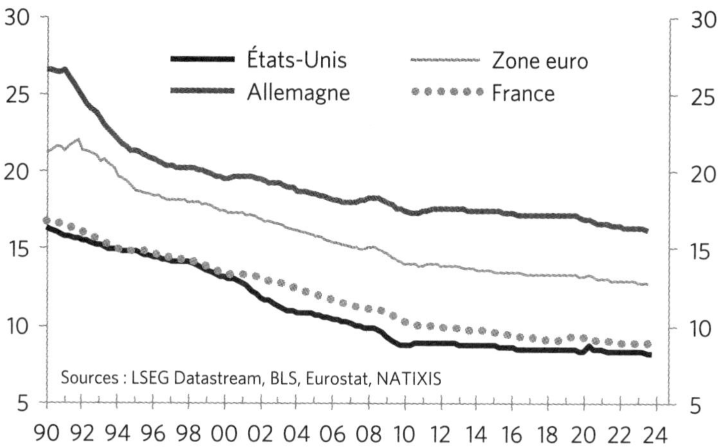

En France, l'emploi industriel est tombé à moins de 9 % de l'emploi total

Dans ce paysage, la situation de la France n'est pas des plus brillantes. Depuis des décennies, l'Hexagone ne cesse d'abandonner des parts de marché à l'export tandis que ses produits sont devenus moins compétitifs que ceux de ses principaux concurrents. L'industrie française réussit rarement à défendre ses positions, à la fois plus chère que les pays d'Europe du Sud ou d'Europe centrale et orientale dont la compétitivité coût est meilleure et moins performante que l'Allemagne ou les pays nordiques sur le front de la compétitivité hors coût, et ses performances se cantonnent désormais à quelques secteurs (luxe, aéronautique, armement…). Résultat : la valeur ajoutée de l'industrie tricolore ne pèse plus qu'à peine 10 % du PIB et surtout l'emploi est tombé de 16,5 % à moins de 9 % de l'emploi total. Une saignée de quelque 2,1 millions d'emplois en quarante ans selon l'Insee.

Cet effondrement, alors que l'industrie génère des emplois qualifiés et des salaires élevés (les emplois dans l'industrie sont en moyenne 30 % mieux rémunérés que dans les services) tout en représentant la quasi-totalité des exportations de biens et 78 % de la recherche, explique en partie l'asphyxie de la croissance potentielle française et la baisse de la productivité. Il explique aussi le creusement du déficit de la balance commerciale industrielle (plus de 52 milliards d'euros en 2023) : il est extrêmement difficile d'équilibrer la balance commerciale avec une industrie qui se résume désormais à quelques filières, laissant en friche des pans entiers du tissu industriel. Certes, l'emploi industriel a progressé de quelque 120 000 postes depuis 2017, mais il s'agit d'abord de la conséquence du recul de la productivité du secteur (qui implique un supplément d'emplois pour une valeur ajoutée donnée) et non d'un redressement significatif de l'activité industrielle.

On connaît désormais par cœur les handicaps qui, en dépit des efforts accomplis depuis quelques années, freinent la réindustrialisation *made in France* : niveau élevé des coûts de production, absence de ressources locales en matières premières industrielles (terres rares, cuivre, nickel, fer...), faiblesse des industries nécessaires à la transition énergétique ou à la décarbonation de l'industrie, anémie de la croissance potentielle, absence de marges de manœuvre budgétaires, insuffisance des compétences de la population active.

Comment ne pas être saisi d'effroi à la lecture d'une telle liste ? Comment ne pas redouter l'engrenage mortifère dès lors que les qualifications industrielles disparaissent, que l'écosystème industriel (les relations entre entreprises et entre entreprises et laboratoires) s'évapore, décourageant les nouveaux investissements, qu'un phénomène de contraction rend le secteur définitivement moins efficace, moins compétitif dès lors qu'il y a des rendements d'échelle croissants dans l'industrie ? Petit motif de soulagement : l'examen de la dynamique de l'industrie dans vingt pays de l'OCDE ne corrobore pas l'hypothèse de l'engrenage et tend plutôt à montrer qu'il existe en général une force de rappel : une situation dégradée de la production industrielle, de l'emploi industriel et de la balance commerciale des biens débouche sur une amélioration ultérieure. Autrement dit, si l'on en croit l'analyse statistique et économétrique, il n'y a pas d'irréversibilité à la dégradation de la situation de l'industrie et tous les espoirs sont donc encore permis[1]. C'est sur cet espoir que se fondent notamment Washington, Pékin, Bruxelles et… Paris : partout, le réarmement industriel est à l'ordre du jour. Pour des raisons à la fois économiques, sociales, politiques et stratégiques.

L'Amérique et la Chine à l'offensive

La bataille mondiale de l'industrie a pris un tour spectaculaire au cœur de l'été 2022 lorsque l'administration américaine a fait voter coup sur coup le *Chips Act* (280 milliards de dollars) et l'*Inflation Reduction Act* (367 milliards), deux lois qui subventionnent massivement, la première l'industrie des microprocesseurs, la seconde le secteur des technologies vertes, des énergies renouvelables, des transports et des économies d'énergie. Avec une montagne de dollars à la clé.

La principale raison de cette offensive est, on l'a dit, de donner un coup d'arrêt à la désindustrialisation rapide des États-Unis (et, par voie de conséquence, à la dégradation de sa balance commerciale) devenue un problème à la fois social, politique et stratégique. Au cours des trente dernières années, la part des États-Unis dans la production mondiale de semi-conducteurs, perçue partout comme la clé de l'économie du futur, est passée de 37 à 12 % selon la Maison Blanche quand, *a contrario*, celle de la Chine a grimpé jusqu'à 18 %. Surtout, dans un contexte

1. Voir à ce sujet Patrick Artus, « Y a-t-il un risque d'effets cumulatifs de destruction de l'industrie ? », *Flash Économie Natixis n° 590* du 9 août 2022.

où l'indépendance de l'île est menacée, la dépendance américaine à Taïwan pour les puces les plus sophistiquées est devenue un problème majeur. Voilà pourquoi l'Amérique a décidé de tout faire pour relocaliser la production sur son propre sol[1]. De même, Washington a décidé de passer à la vitesse supérieure pour verdir une économie encore jusqu'à récemment très dépendante des énergies fossiles. Avec l'*IRA*, les États-Unis comptent bien faire baisser drastiquement ses émissions de CO_2 tout en favorisant une production de technologies propres *made in America*. Derrière cette stratégie, se profilent encore l'ombre chinoise et la volonté de casser la dépendance américaine en matière de composants électroniques pour les technologies propres : selon l'Agence internationale de l'énergie, l'Empire du milieu contrôle quelque 60 % des capacités de production des batteries, panneaux solaires et autres turbines éoliennes.

Sur le front de la bataille des industries du futur, la Chine, en effet, n'est pas en reste. Dès 2015, Pékin a élaboré une stratégie de montée en puissance des industries innovantes (plan *Made in China 2025*) pour viser à la mi-temps du siècle le leadership mondial dans les secteurs clés de la révolution industrielle en cours, tels que les technologies de l'information de nouvelles générations, les machines et robots informatisés haut de gamme, les équipements aéronautiques et spatiaux, les véhicules économes en énergie et à énergie nouvelle, les nouveaux matériaux, la biomédecine et les équipements médicaux à haute performance. Entre autres. Avec une intention claire : s'émanciper de la dépendance vis-à-vis des pays

1. Voir chapitre 3.

étrangers dans ces secteurs stratégiques. Par ailleurs, la Chine a développé depuis de nombreuses années déjà une politique industrielle agressive à l'export fondée sur le rapport de force, comme hier sur le photovoltaïque qui a fragilisé le secteur européen et mis en danger de nombreuses entreprises européennes du solaire et aujourd'hui sur les batteries et la voiture électrique.

De son côté, l'enjeu pour l'Europe est aujourd'hui *a minima* la préservation (et si possible le développement) de ses bases industrielles mises à rude épreuve par les stratégies chinoise et américaine. La chinoise s'accompagne en effet de nombreuses entorses à la libre concurrence et aux règles internationales. Des entorses que Pékin a baptisées du doux vocable de « lois de sécurité nationale » mais qui, dans les faits, se traduisent par de plus en plus d'opacité, un accès inégal aux marchés publics, des discriminations sur les normes et exigences en matière de sécurité, de localisation et de transfert de données… Sans oublier la multiplication des obstacles à la vente au reste du monde des technologies destinées à la transition énergétique et aux industries électroniques comme le graphite qui sert à fabriquer l'une des électrodes des batteries (aujourd'hui, la quasi-totalité des batteries fabriquées dans le monde utilisent ce composant), le gallium (une terre rare utilisée dans la fabrication des semi-conducteurs et des panneaux photovoltaïques) ou le germanium (fabrication des fibres optiques).

Quant à la stratégie américaine, elle est portée par une brassée d'incitations fiscales et de subventions en tous genres qui ne séduisent pas seulement les entreprises locales mais également les sociétés européennes, qui envisagent d'investir et de déménager leurs activités de production aux États-Unis. Sans parler du prix de l'énergie. Il faut imaginer que les entreprises implantées à Detroit ou à Houston paient leur énergie trois ou quatre fois moins cher que leurs concurrentes de Francfort, de Milan ou de Lyon. Engie, BASF, BMW, Solvay, Siemens, Volkswagen… La liste des entreprises européennes qui se lancent dans de gros projets industriels outre-Atlantique ne cesse de s'allonger et pour l'Europe, l'*IRA* est devenu une véritable machine à délocaliser. Une machine de guerre au service de la captation des investissements industriels du monde entier.

Selon le *Baromètre mondial des investissements industriels 2023*[1], les chiffres ont atteint un peu plus de 1 300 milliards de dollars à l'échelle mondiale[2], un montant stabilisé après la baisse liée à la guerre en Ukraine, dont 54 % fléchés vers l'Asie (notamment la Corée du Sud et l'Indonésie), 28 % vers l'Amérique et 10 % seulement vers l'Europe, dont 6,7 % pour l'Union européenne. Avec en outre une baisse de 38 % en moyenne dans l'UE (– 71 % en Allemagne, – 21 % en France). Quant à la Chine, bien que captant quelque 30 % des investissements industriels de la zone Asie, elle peine à remonter la pente depuis 2020 et enregistre même sur la période auscultée par la dernière édition du baromètre un recul significatif des investissements (– 28 % par rapport à l'édition précédente avec un montant de 210 milliards de dollars).

1. 8e édition du *Baromètre mondial des investissements industriels 2023* réalisé par Trendeo, Fives, l'Institut de la réindustrialisation et McKinsey, 11 décembre 2023.
2. Entre juillet 2022 et juin 2023.

Où il est question d'herbivores et de carnivores

Face à la double offensive chinoise et américaine, l'Union européenne entre dans la course à l'interventionnisme industriel avec quelques boulets aux pieds. À commencer par sa philosophie libre-échangiste, l'idéologie dominante à Bruxelles depuis toujours mais plus que jamais inadaptée au monde qui vient. Toutefois, l'état d'esprit des gouvernants européens évolue doucement et malgré une longue histoire d'échecs collectifs en matière industrielle, la plupart estiment que c'est au niveau communautaire qu'il faut penser la résilience. Et la penser de manière offensive. « L'Europe a un problème de compétitivité et il nous faut y répondre. Le monde a changé, l'UE ne peut être le seul herbivore dans un monde de carnivores », a résumé au moyen d'une métaphore animalière Paolo Gentiloni, le commissaire européen à l'Économie[1]. La présidente de la Commission européenne, Ursula von der Leyen, n'a pas dit autre chose lorsqu'elle a dénoncé en 2023 les « tentatives agressives » destinées à inciter les industriels européens à délocaliser. Mais les herbivores n'ont pas l'intention de se laisser faire sans réagir. Bruxelles est résolu à riposter quitte à rompre avec la doctrine de la concurrence libre et non faussée qui fut l'un des piliers de la construction européenne depuis sa création. « Nous, les Européens, nous avons un plan », a assuré la présidente de l'UE en présentant les détails du *Green Deal* au début de 2023, un plan censé « faire de l'Europe le foyer des énergies propres et de l'innovation industrielle sur la voie de la neutralité carbone » et

1. Interview au journal *Le Monde* du 17 novembre 2023.

permettre ainsi au Vieux Continent de « prendre la tête » de la course aux innovations vertes.

Afin d'atteindre ses objectifs (fabriquer 40 % de nos besoins en technologies vertes dans le but d'atteindre la neutralité carbone en 2050), l'UE entend créer un environnement favorable aux investissements dans huit domaines bien identifiés, des panneaux solaires aux pompes à chaleur en passant par les batteries. Il s'agit notamment d'assouplir les règles des aides d'État et de simplifier les procédures administratives. Pour accompagner le mouvement, le plan prévoit aussi un volet sur la diminution de la dépendance européenne en matière d'approvisionnement d'un certain nombre de matières premières critiques. Comment en effet faire face à une pénurie éventuelle de composants quand on a laissé Taïwan devenir la fonderie de silicium de la planète ? Comment préserver notre spécialisation dans la construction automobile dès lors que la maîtrise des batteries nous échappe ? L'objectif est de mettre en place un environnement plus favorable au déploiement des capacités industrielles nécessaires pour devenir le premier continent à atteindre la neutralité climatique d'ici à 2050. Idéalement, les Européens doivent défendre leurs intérêts en se donnant des projets communs qu'ils financeraient en commun. À n'en pas douter un des principaux dossiers sur la table de la prochaine Commission issue des élections européennes de juin 2024.

Toutefois, *a contrario* de la stratégie climatique américaine qui repose exclusivement sur des mécanismes de subventions facilement accessibles dans tout le pays, le plan européen est d'ores et déjà critiqué en raison de sa complexité politique (vingt-sept États membres à coordonner) et du maquis législatif et réglementaire. Outre l'idéologie libre-échangiste encore vivace dans certaines capitales comme dans les couloirs de la Commission européenne, Bruxelles doit négocier sans relâche avec les États membres, passer des compromis entre les partisans d'une politique industrielle affirmée et les tenants de la ligne libre-échangiste, jongler avec les réglementations en tous genres, gérer des objectifs sans grands moyens. Résultat, les palinodies, atermoiements, délais et autres saupoudrages prennent souvent le pas sur la mise en œuvre de priorités qui devraient être plus solidement affirmées et… financées. Quand les grands États européens ne se font pas eux-mêmes concurrence pour l'implantation de telle ou telle usine étrangère (exemple des puces) ou quand les « petits pays » ne sont pas vent debout contre une politique industrielle européenne dont ils redoutent de faire les frais !

Le temps joue plutôt contre le Pacte vert. Dans un contexte de hausse des taux d'intérêt, de retour de l'inflation et de ralentissement de l'activité, le nouvel environnement économique est devenu moins propice à la mise en œuvre d'un projet qui touche à la vie quotidienne des citoyens, des entreprises comme du monde agricole et requiert des investissements conséquents. Si bien qu'à la rentrée 2023, un certain nombre de chefs d'État et de gouvernement, dont le Français Emmanuel Macron, ont appelé à une « pause réglementaire » dans la mise en œuvre des mesures de décarbonation dont ils redoutent les conséquences économiques et sociales. Plus que jamais les vingt-sept s'inquiètent en outre pour la compétitivité de l'économie européenne à l'heure où le renchérissement du crédit pèse sur la rentabilité de nombreux projets. Les difficultés qui entourent la mise en œuvre du *Green Deal* illustrent à leur manière celles qui sont susceptibles de contrarier toute tentative de réindustrialisation d'ampleur en Europe. Et ce ne sont pas les dirigeants politiques français, contraints en début d'année de tenter d'apaiser la colère des agriculteurs notamment en sacrifiant certains objectifs verts, qui soutiendront le contraire ! C'est la raison pour laquelle lorsqu'on parle de réindustrialiser l'Union européenne, comme d'ailleurs de réindustrialiser l'Hexagone, il faut bien préciser de quoi on parle.

La réindustrialisation, même ciblée, de la zone euro sera difficile

D'abord, une évidence qui refroidit les ardeurs : toute réindustrialisation de grande ampleur en Europe coûterait trop cher et correspondrait à une chute de pouvoir d'achat considérable. Qui d'ailleurs l'accepterait parmi les consommateurs ? Combien d'entreprises risqueraient de ne pas résister ? Faut-il rappeler que les coûts unitaires de production des pays de l'UE sont en moyenne tout simplement deux fois plus élevés que ceux des pays émergents ?

De tels handicaps ne signifient certainement pas qu'on ne peut rien faire (d'autant que si la fragmentation du monde devait s'installer, les Européens n'auraient pas le choix), mais sûrement que la réindustrialisation ne peut qu'être d'ampleur limitée, ciblée sur des biens stratégiques. Elle exige aussi une vision claire, une politique publique adaptée (subventions, protection…) et des moyens financiers substantiels. Rien n'est perdu donc, mais il ne faut pas se mentir : même si tous les gouvernements des pays de la zone euro désirent réindustrialiser leur pays, et en particulier relocaliser en Europe leurs industries stratégiques (semi-conducteurs, pharmacie, matériels pour les énergies renouvelables, batteries…), la manœuvre, même ciblée, s'annonce la plupart du temps difficile. Si l'Europe s'est désindustrialisée, ce n'est pas sans raison. La réindustrialisation « naturelle » n'existe pas. Celle de l'Europe n'est imaginable que si elle peut compter sur des avantages comparatifs pour tel ou tel secteur industriel, des avantages en termes d'argent public (subventions) ou une bonne régulation (à la fois stable et protectrice), et de préférence les trois à la fois. Or, comme la production industrielle de la zone euro a reculé de 7 % depuis 2019 pour revenir à son niveau de 2017, il est légitime de s'inquiéter des perspectives qui s'offrent à l'industrie européenne et des risques de délocalisation qui continuent de planer pour différentes raisons.

La première de ces raisons est que le prix de l'énergie est beaucoup plus élevé en Europe que de l'autre côté de l'Atlantique. Au début de 2024, un MWh de gaz naturel coûtait environ 26 euros en Europe contre 7 euros aux États-Unis. Soit quatre fois plus. Cet écart est comparable pour le prix de l'électricité et suffisant pour que les industries grosses consommatrices en énergie (acier, métallurgie, agroalimentaire, verre, chimie, pharmacie) traversent l'océan. Une estimation empirique permet d'évaluer de 2 à 3 % la perte de production industrielle due à la différence du coût de l'énergie en défaveur de l'Europe.

Deuxième raison : l'Europe a fait le choix d'accomplir sa transition énergétique dans des délais nettement plus rapides que les autres pays. Son objectif reste en effet la neutralité carbone nette en 2050 quand l'observation de la tendance dans les autres grands pays et/ou régions la situe bien plus tard, vers la fin du siècle. Ce choix, exigeant, suppose que le Vieux Continent doive se passer des énergies fossiles en l'espace d'une trentaine d'années alors que dans les autres pays cette transition exigera un temps beaucoup plus long. Cela signifie aussi que l'Europe devra absorber le coût annuel de la transition énergétique (investissements en production et stockage d'énergies renouvelables, décarbonation de l'industrie, rénovation thermique des bâtiments et des logements...) sur un laps de temps plus court, ce qui ne manquera pas de provoquer une augmentation des coûts de production et une destruction de capital ancien plus rapide que dans les autres pays. De quoi inciter les entreprises qui voudraient échapper à cette source de renchérissement des coûts de production à délocaliser hors d'Europe.

La troisième raison susceptible d'encourager les délocalisations est liée aux effets pervers de la taxation du CO_2 aux frontières. À partir de 2027, l'Union européenne a choisi de taxer les importations d'un nombre réduit de biens intermédiaires (acier, aluminium, ciment, engrais, hydrogène), un dispositif censé protéger l'industrie européenne productrice de ces biens sauf que, petit détail, il risque d'accélérer la délocalisation de la production d'autres catégories de biens (biens de consommation, biens d'équipement). L'explication en est simple : un fabricant de casseroles français qui utilise aujourd'hui de l'aluminium ou de l'acier (sachant que l'Europe est déficitaire en aluminium et en acier) sera incité à aller produire ses casseroles en Turquie ou en Chine puisque l'aluminium et l'acier turc ou chinois n'y sont pas taxés avant de réimporter le produit fini puisque les casseroles ne sont pas taxées à l'entrée du marché européen… Conclusion : on a transformé la taxe CO_2 en arme à délocaliser en encourageant tous les utilisateurs de ces biens intermédiaires à aller produire hors d'Europe. Si Bruxelles tient à mettre en place ce type de mécanisme, il faudrait concevoir une taxe CO_2 globale, qui porterait sur la totalité des biens, sauf que la mesure est techniquement impraticable : imaginons taxer, par exemple, les voitures importées quand celles-ci sont composées d'éléments fabriqués dans un grand nombre de pays ! Il faut trouver d'autres solutions pour que l'industrie reste en Europe tout en incitant les acteurs à faire baisser leurs émissions de CO_2.

Enfin, dernière incitation à la délocalisation : la croissance de la zone euro est faible et risque de le rester dans le moyen/long terme. Nous l'avons analysée en préambule[1], nous n'y reviendrons pas ici, sauf à rappeler quelques chiffres. De 2002 à 2022, le PIB en volume de la zone euro a progressé de 28 % quand celui des États-Unis grimpait de 50 %. Cet écart de croissance, très significatif, est dû, rappelons-le, à la démographie (la population totale diminue chaque année de 0,1 % quand elle progresse de près de 0,5 % aux États-Unis), à l'atonie des gains de productivité, à la faiblesse de l'accumulation du capital sur le continent européen (l'investissement net des entreprises représente 4 % du PIB aux États-Unis, seulement 2,5 % en zone euro). Autant de handicaps qui plombent la compétitivité de la région, en particulier par rapport aux États-Unis. Il est à craindre que les relocalisations vers la zone euro ne concernent que les productions stratégiques et nécessitent un montant substantiel d'aides publiques.

1. Voir chapitre 1.

Si aujourd'hui, face aux grands compétiteurs industriels que sont les États-Unis et la Chine, la zone euro ne fait pas la course en tête, et même s'engage avec un retard considérable dans cette course à l'armement industriel stratégique, elle affiche sa volonté de lutter pour reconquérir, au moins dans certains secteurs, une souveraineté susceptible de préserver ses bases industrielles mises à rude épreuve par les stratégies américaines et chinoises. Pour y parvenir, l'Europe devra achever sa mue culturelle (les Européens ont, semble-t-il, enfin compris qu'il ne suffira pas de laisser parler les règles du marché pour que les projets éclosent et que sorte de terre l'industrie du futur). Elle devra aussi surmonter ses divisions internes et mobiliser des moyens financiers, publics et privés, jusqu'ici trop limités, utiliser l'argent public pour stimuler l'investissement privé et l'innovation, inciter les entreprises à investir en privilégiant les bonnes incitations (la comparaison États-Unis/zone euro montre que l'approche américaine par le crédit d'impôt est plus efficace que l'approche européenne à base de régulations et de subventions). Or la mobilisation de l'argent privé s'annonce absolument essentielle dans les années qui viennent et la bataille pour la conquête de l'épargne tout aussi féroce que celle de l'industrie.

CHAPITRE 5

La bataille de l'épargne sera sans merci

En cette première semaine de mai, dans le Maryland, au sein d'un gigantesque complexe hôtelier planté sur les rives du Potomac, près de 5 000 visiteurs, dont quelque 2 300 investisseurs venus des quatre coins de la planète, participent au sommet SelectUSA 2023 organisé par l'État fédéral des États-Unis. Cette année, l'affluence est record et l'assistance cosmopolite. Depuis le vote, à l'été 2022, du *Chips Act* et de l'*Inflation Reduction Act*, qui subventionnent massivement l'industrie des semi-conducteurs et la transition énergétique, c'est la ruée vers l'Amérique. D'emblée, John Podesta, conseiller à la Maison Blanche, donne le ton : « Les États-Unis sont le meilleur endroit au monde pour investir, et, si vous ne me croyez pas, écoutez les protestations de nos partenaires économiques ! » Depuis l'installation de l'administration Biden à la Maison Blanche, le pays a attiré pas moins de 248 milliards de dollars d'investissements directs étrangers venus de partout, y compris des pays les moins développés, précise la secrétaire d'État au Commerce,

Gina Raimondo, qui lui succède à la tribune. Un des cas les plus spectaculaires évoqués lors de ce grand raout des investisseurs est celui du constructeur automobile vietnamien VinFast qui va investir 4 milliards de dollars et créer quelque 7 500 emplois dans une usine de véhicules électriques en Caroline du Nord, grâce à la générosité des autorités fédérales et locales. Une pluie de milliards qui agace et surtout inquiète les partenaires économiques de l'Amérique, car c'est le signe sonnant et trébuchant que l'épargne sera de plus en plus une denrée rare et que la guerre de l'épargne mondiale est bel et bien déclarée et sera sans merci.

Du saving glut *à l'insuffisance d'épargne*

La notion d'insuffisance d'épargne dont nous parlons ici est entendue *ex ante*. À l'équilibre, l'épargne est égale à l'investissement, mais avant de parvenir à cet équilibre, apparaît un besoin d'investissement supérieur à l'épargne spontanée. C'est la raison pour laquelle on parle alors d'insuffisance d'épargne. C'est essentiellement par la hausse des taux d'intérêt que, l'investissement baissant et l'épargne montant, le rééquilibrage peut s'opérer entre les deux. Ce petit rappel théorique étant fait, intéressons-nous à la question brûlante du moment.

Jusqu'à une période récente, l'insuffisance de l'épargne mondiale n'était pas du tout d'actualité. Au contraire. À partir de la fin des années 1990 et surtout depuis 2010, la planète et ses dirigeants s'étaient accoutumés à vivre dans un monde où l'épargne était surabondante, un *saving glut* (littéralement, une « surabondance d'épargne ») pour reprendre la célèbre formule lancée en 2005 par Ben Bernanke, le patron de la Federal Reserve, la banque centrale américaine, qui a exercé pendant toutes ces années une pression baissière sur l'inflation et les taux d'intérêt.

Cet excès d'épargne avait été rendu possible par l'énorme excédent commercial de la Chine (et des pays d'Asie en général), un excédent capable de financer les besoins d'investissement de toute la planète et, en particulier, de financer sans dommage l'endettement extérieur structurel des États-Unis. C'est ainsi que l'on a pu voir le taux d'épargne du monde grimper de 23 à 29 % du PIB entre 1995 et 2021, une période marquée aussi par la décélération de l'inflation mondiale (une situation d'excès d'épargne correspond à une insuffisance de la demande, d'où la désinflation), passée sur la même période de 20 à 8 % en glissement annuel. Entre 2010 et 2020, l'inflation est même descendue en dessous de 2 % aux États-Unis et de 1 % en zone euro. Une situation de désinflation qui a permis, comme on le sait, aux banques centrales de pratiquer des politiques de plus en plus expansionnistes. À la fin des années 2010, le taux d'intérêt de la Réserve fédérale américaine ne remontait qu'à 2,5 % tandis que le compteur de celui de la BCE restait obstinément bloqué sur le zéro. Quant aux taux d'intérêt réels à long terme, ils sont carrément devenus négatifs à partir de 2012.

Excès d'épargne, désinflation, baisse des taux… L'enchaînement a longtemps fait figure de martingale. Avec tout de même deux corollaires : une succession de bulles sur les prix d'actifs (sur les actions en 2000, sur l'immobilier avant la crise des *subprimes* de 2008-2009, puis à nouveau sur les cours boursiers, les prix de l'immobilier, la valeur des entreprises à partir de 2012 jusqu'à la guerre en Ukraine), et une augmentation significative des dettes et des déficits publics puisque dans un régime de taux d'intérêt bas, plus bas que la croissance potentielle, la soutenabilité des dettes publiques est mécaniquement assurée, sans qu'il soit nécessaire de produire le moindre effort de réduction des déficits publics.

Mais, tout à coup, changement de décor. La parenthèse enchantée (vingt-cinq ans, tout de même) n'a pas résisté à l'enchaînement des catastrophes. Pandémie de Covid, guerre en Ukraine puis au Proche-Orient, réchauffement climatique, exigences de souveraineté, aggravation des phénomènes de rareté de toutes sortes (matières premières, eau, médicaments…), ces événements (plus ou moins) inattendus ont fait littéralement exploser les besoins d'investissements (transition énergétique, réindustrialisation, réarmement…) avant de plonger bientôt le monde dans un régime d'insuffisance d'épargne qui peut faire courir un risque majeur à l'économie mondiale tout entière. De quoi déclencher une guerre mondiale de l'épargne. Nous allons essayer d'expliquer pourquoi.

Le monde va devoir investir au minimum 4 000 à 5 000 milliards de dollars par an pendant vingt-cinq ans

Dans ce nouveau paysage, la question du réchauffement climatique et de ses multiples conséquences est évidemment centrale. Depuis que celle-ci a fini par s'imposer à tous, les spécialistes ont fait tourner leurs modèles : la seule transition énergétique (production et stockage des énergies renouvelables, décarbonation de l'industrie et des transports, rénovation thermique des bâtiments et des logements) nécessitera chaque année (et pendant de très nombreuses années) 3 voire 4 points de PIB d'investissements supplémentaires (environ 4 000 à 5 000 milliards de dollars), sans compter les dépenses publiques induites, tel – par exemple – le soutien du pouvoir d'achat des ménages modestes pour amortir en partie la hausse des prix de l'énergie. À titre d'exemple, pour la France, le coût des mesures destinées à amortir l'augmentation du prix de l'énergie par rapport au prix du marché a atteint 94 milliards d'euros entre 2021 et 2023, essentiellement en 2022 (44 milliards) et 2023 (45 milliards). Sur les 4 points de PIB, 2 seulement sont mobilisés aujourd'hui. Pour le moment, les pays de l'OCDE sont loin d'investir l'équivalent de 4 points de PIB chaque année (ils sont plutôt en moyenne à 2 points de PIB), ce qui explique que la vitesse de réduction des émissions de CO_2 soit elle aussi très en deçà des objectifs fixés par l'Accord de Paris.

Quant aux relocalisations industrielles dans les pays de l'OCDE, même ciblées, elles s'annoncent elles aussi très gourmandes en milliards si l'on imagine seulement les besoins de financement concernant les matériels pour la transition énergétique, les batteries électriques, les médicaments, les semi-conducteurs et autres métaux nécessaires à la transition énergétique. Les pays de l'Union européenne, par exemple, devraient consacrer environ un demi-point de PIB par an (environ 80 milliards d'euros) à subventionner, à favoriser par divers moyens, relocalisations et réindustrialisation.

Au total, il est raisonnable d'anticiper un besoin supplémentaire net d'investissements et de dépenses publiques d'au moins 4 points de PIB par an, sur la planète comme dans l'ensemble des pays de l'OCDE, pour la transition énergétique mais aussi pour la gestion de l'eau et la sauvegarde de la biodiversité. Et ce pendant vingt ou trente ans. Soulignons, pour être tout à fait précis, qu'il y a une différence entre le supplément d'investissement net et le supplément d'investissement brut. On peut considérer que le supplément net est un peu moins élevé si l'on tient compte du fait que les investissements dans les énergies fossiles disparaîtront progressivement (l'investissement mondial en exploration et production de pétrole et de gaz naturel a atteint un peu plus de 400 milliards de dollars en 2021). Mais, que l'on parle en brut ou en net, le besoin supplémentaire d'investissement et de dépenses publiques n'en demeure pas moins très élevé, un besoin qui devra être équilibré par un niveau d'épargne à la hauteur de l'enjeu, que ce soit au niveau de la planète comme des pays de l'OCDE. Et on ne parle même pas ici des besoins d'investissements spécifiques de chaque pays (la France, par exemple, et son retard en matière d'éducation, de santé, de justice, de sécurité…). Voilà pourquoi le monde va passer brutalement d'une situation d'excès à une situation d'insuffisance d'épargne alors même que celle-ci a déjà commencé – sauf exceptions – à fondre.

Impossible de continuer à compter sur l'épargne des pays de l'Opep

Pratiquement partout, les excédents d'épargne (excédents de la balance courante) s'étiolent quand ils ne se sont pas déjà évaporés purement et simplement. La Chine a affiché un excédent jusqu'en 2011 mais celui-ci a progressivement fondu (à 2 % de PIB) tout comme celui du Japon (1,5 % de PIB). La zone euro est passée d'un excédent (jusqu'en 2020) à un léger déficit en 2022 lié à la hausse des prix de l'énergie mais a retrouvé un excédent important (2,9 % de PIB) en 2023. Enfin, de nombreux pays émergents enregistrent eux aussi désormais un déficit plus ou moins important. Quant aux États-Unis et au Royaume-Uni, ils se sont mis depuis longtemps au régime du déficit courant structurel (voir graphiques 9a, 9b, 9c).

Graphique 9a.
Balance courante
(en % du PIB en valeur, États-Unis, zone euro, Royaume-Uni)

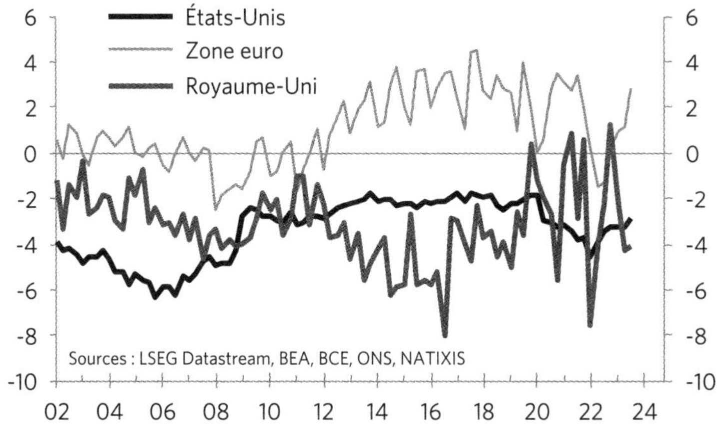

Graphique 9b.
Balance courante (en % du PIB en valeur, Chine, Japon, Opep)

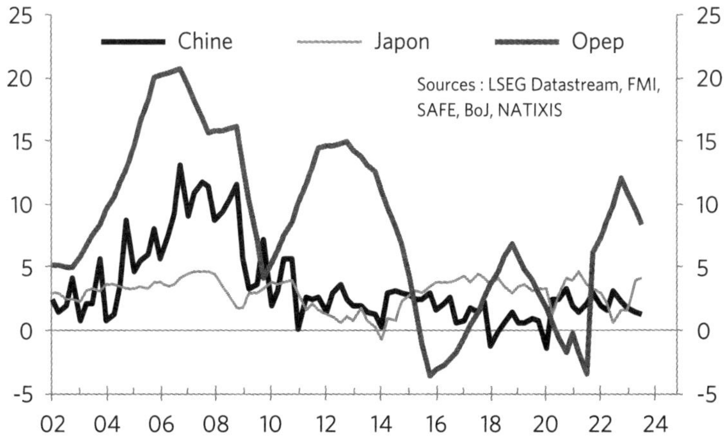

Graphique 9c.
Balance courante
(en % du PIB en valeur, Russie, Afrique, Amérique latine)

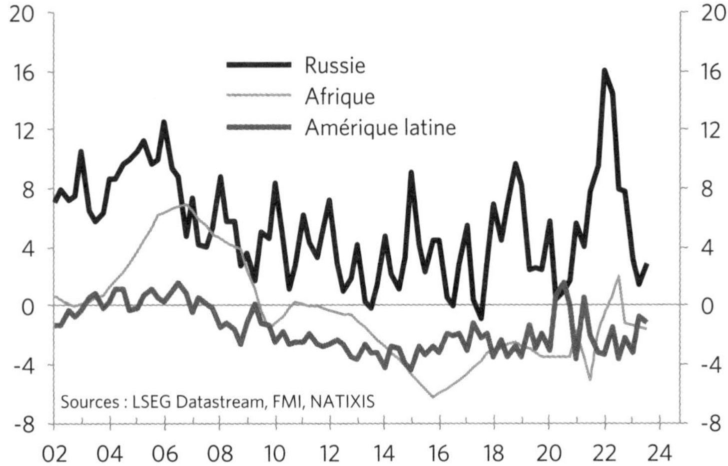

Les pays qui affichent un excédent d'épargne (un excédent de leur balance courante) sont avantagés puisqu'ils pourront l'utiliser pour financer le supplément d'investissement nécessaire alors qu'il sera de plus en plus difficile pour les autres d'emprunter les montants indispensables au financement de leur déficit extérieur accru des nouveaux besoins d'investissement. Tel sera le cas notamment pour les pays/régions qui affichent des déficits importants de leur balance courante (États-Unis, Afrique, Amérique latine) condamnés à emprunter aux pays excédentaires au moment où ceux-ci verront leurs excédents courants se réduire en raison de l'augmentation de leurs propres investissements, comme ce sera le cas dans le futur pour les pays de l'Opep et la Russie.

Pour le moment, ces pays sont les seuls à conserver un excédent extérieur courant important (autour de 10 % de PIB pour l'un comme pour les autres en 2022 et 2023).

Si l'on oublie un instant la Russie et sa situation très particulière et que l'on se concentre sur les pays producteurs de pétrole, le premier réflexe est donc de se demander si leur épargne va pouvoir, dans l'avenir, continuer à financer au moins en partie les pays déficitaires (les pays de l'Opep financent actuellement 100 % du déficit extérieur des États-Unis, soit environ 4 à 5 points de PIB ou 1 200 milliards de dollars par an environ) ?

En première instance, l'augmentation des prix du pétrole et du gaz naturel est *a priori* de nature à nourrir leurs excédents d'épargne – d'autant que ces pays affichent une propension marginale à épargner (la proportion de tout revenu supplémentaire qui est épargnée) supérieure à ce que l'on peut observer dans d'autres régions du monde. Le raisonnement est *a priori* confirmé par l'expérience : sur les périodes où le prix de l'énergie a eu tendance à s'envoler (en 2007-2008, 2011-2014 et depuis le début de 2022), le taux d'épargne des pays producteurs a pris lui aussi l'ascenseur. Dès lors, logiquement, l'augmentation du prix du pétrole et/ou du gaz naturel devrait favoriser une hausse du taux d'épargne mondial. Il serait toutefois hasardeux de se réjouir trop vite car le comportement des pays de l'Opep évolue depuis quelques années et va évoluer encore.

Premier élément à l'appui de la thèse de la disparition progressive des excédents des pays de l'Opep : depuis 2020, les pays producteurs réduisent leur production lorsque la demande de pétrole des pays de l'OCDE ou de la Chine fléchit afin de soutenir les cours quelle que soit la vigueur de la demande mondiale. Deuxième élément à prendre en considération : nous pensons que les pays de l'Opep vont investir de plus en plus dans les énergies renouvelables, dans les nouvelles technologies, afin de réduire progressivement leur dépendance à la production de pétrole et de gaz naturel et de diversifier leurs économies. Cela signifie qu'ils auront toujours des excédents commerciaux issus de l'énergie mais qu'ils ne dégageront plus d'excédents importants de leurs balances courantes puisqu'ils seront enclins à réinvestir leur argent localement. Une tendance qui se dessine déjà dans les chiffres : lorsqu'ils augmentent, les excédents commerciaux liés à l'énergie entraînent désormais une amélioration moins importante que par le passé de la balance courante.

Non seulement les pays de l'Opep stabilisent les prix du pétrole en modulant leur production, ce qui signifie que ceux-ci n'ont plus d'effet contracyclique sur les économies des pays importateurs, mais la hausse de leur taux d'investissement, hors pétrole et gaz naturel, contribue (et contribuera sans doute de plus en plus) au passage d'une situation d'excédent à une situation d'insuffisance d'épargne mondiale puisque leurs excédents pétroliers seront davantage investis localement et moins prêtés aux pays de l'OCDE. Il est donc à craindre qu'il ne faille pas trop compter sur les pays de l'Opep pour financer les pays déficitaires en balances courantes (en particulier les États-Unis, mais aussi le Royaume-Uni, certains pays émergents et désormais la zone euro). La situation est nouvelle, elle contribuera à la hausse des taux d'intérêt à long terme, et donc aux difficultés de financement des pays en délicatesse avec leurs balances courantes. Rappelons, en effet, que si le monde présente une insuffisance d'épargne *ex ante*, le rééquilibrage s'opère par l'augmentation des taux d'intérêt réels, qui stimule l'épargne et freine l'investissement. Par ailleurs, faut-il le souligner, il est clair que le niveau élevé atteint par les prix de l'énergie provoque un prélèvement supplémentaire sur l'épargne des pays importateurs.

Aujourd'hui, au moment même où les besoins d'investissement dans la transition énergétique s'annoncent gigantesques, la question centrale est donc bien de savoir si le monde va s'installer dans une situation comparable à celle des années 1980 et du début des années 1990 dominée par un cruel manque d'épargne. Le mariage de la baisse de l'épargne avec l'augmentation des besoins d'investissement promet de ne pas être très heureux. Sauf si la planète se donne les moyens de mobiliser davantage d'épargne – disons 4 à 5 points du PIB mondial chaque année, c'est un minimum – pour faire face à ses besoins d'investissements et préparer l'avenir.

Mobiliser mieux et davantage l'épargne mondiale

En ce qui concerne les pays de l'OCDE, le vieillissement démographique pèsera forcément de tout son poids sur le taux d'épargne des ménages dans les décennies qui viennent. Actuellement, celui-ci augmente encore faiblement, mais la tendance n'est guère favorable. Dans l'Union européenne, par exemple, la population âgée de plus de 65 ans représentait 21 % de la population totale en 2022 contre 16 % à la fin du siècle dernier et les experts tablent sur un 28 % en 2050 (source Eurostat). Or, en Europe, et notamment en France, les besoins de financement hors transition énergétique vont demeurer importants afin de corriger le sous-investissement des entreprises par rapport au niveau d'investissement des entreprises américaines, par exemple. Sans parler des dépenses publiques nécessaires pour faire face au financement de la réindustrialisation, de la recherche, de l'éducation, de la santé, des dépenses militaires. Certes, tous les pays sont concernés, mais les pays endettés qui n'ont pas de surplus d'épargne, à commencer par les États-Unis, risquent d'être confrontés à des problèmes de financement encore plus graves dès lors que la guerre de l'épargne se fera plus meurtrière. C'est d'ailleurs la raison pour laquelle, pour la conquête de l'épargne, le pays de l'oncle Sam a dégainé le premier.

Depuis très longtemps, l'Amérique s'endette auprès du reste du monde et accumule une dette extérieure nette importante (avec un déficit de balance courante de 3,5 % de PIB en valeur et une dette extérieure nette de 70 % de PIB en 2023), mais c'est essentiellement pour financer la consommation des ménages américains, non l'investissement des entreprises ! Le taux d'investissement des firmes américaines a décliné au cours des dernières années tandis que le taux d'épargne des ménages restait très faible (à l'exception de 2020 avec la pandémie de Covid) et anormalement bas (à peine 8 % de PIB en valeur fin 2023). Mais autant il était gérable pour le pays le plus riche du monde de transformer une partie de l'épargne mondiale en consommation dès lors que cette épargne était excédentaire, autant cette transformation devient inefficace et pénalisante pour l'économie mondiale dès lors que l'épargne vient à manquer. Pour revenir à un équilibre global plus efficace, il faudrait que l'Amérique cesse de siphonner l'épargne mondiale et que cette épargne, celle des pays émergents producteurs de pétrole en particulier, soit consacrée à financer une augmentation des investissements, notamment dans la transition énergétique. Comment mobiliser mieux et davantage l'épargne mondiale ? Probablement en agissant à la fois sur le montant et sur la nature de l'épargne disponible, ce qui – dans tous les cas de figure – suppose de nombreux ajustements pas toujours économiquement et politiquement faciles à apprivoiser.

Hausse des taux d'intérêt, de la pression fiscale ou des deux ?

À l'instar des États-Unis, de nombreux pays de l'OCDE n'épargnent pas suffisamment voire accumulent une dette extérieure plus ou moins importante pour financer la consommation des ménages plutôt que l'investissement des entreprises. Évidemment, une hausse des taux d'intérêt provoquerait l'augmentation désirée de l'épargne et la diminution de la consommation grâce à un partage des revenus plus favorable à la première. Les taux d'intérêt réels ont certes remonté depuis 2022 (ils évoluent autour de 1,8 % aux États-Unis et de 0,8 % en zone euro[1]), mais ils sont encore loin d'une part de la croissance potentielle et d'autre part de leur niveau des années 2000. Si leur augmentation se poursuivait, cela permettrait d'obtenir une quantité d'épargne plus importante afin de financer la transition énergétique mais c'est au prix d'un loyer de l'argent plus élevé. Par ailleurs, surgit immédiatement l'argument adverse : l'augmentation de l'épargne par celle des taux

1. À la mi-mars 2024.

d'intérêt réels a sa limite car de nombreux investissements de transition énergétique ont une rentabilité faible du capital, ce qui signifie que l'on peut rapidement se heurter au problème du coût du financement, voire devoir renoncer à mettre en œuvre la transition énergétique à temps.

On peut aussi imaginer maintenir des taux d'intérêt dans une fourchette raisonnable tout en augmentant la pression fiscale du montant nécessaire au financement (ou à une partie du financement) des investissements de transition énergétique et écologique et des investissements de réindustrialisation. En Europe, par exemple, il faudrait augmenter de 2 à 2,5 points la pression fiscale pour mettre en place une solution de ce genre. Dans l'hypothèse où celle-ci serait privilégiée, elle peut évidemment poser un problème politique (les opinions sont rarement favorables à l'augmentation de la pression fiscale) et économique (on l'a dit, les pays sont condamnés à pratiquer des taux d'intérêt bas pour que le financement des investissements de transition énergétique, peu rentables financièrement, soit faisable, ce qui les prive de l'arme des taux d'intérêt en cas de besoin, comme un choc inflationniste d'origine diverse). En outre, imaginons que, en ajoutant l'épargne supplémentaire générée par la hausse des taux d'intérêt réels à long terme et l'épargne « forcée » obtenue par une augmentation de la pression fiscale, on parvienne à financer nos besoins d'investissement : les niveaux d'endettement public et privé antérieurs apparaîtront plus que jamais pour ce qu'ils sont, c'est-à-dire excessifs, dans un environnement de taux d'intérêt réels plus élevés. Rappelons qu'en France, par exemple, la dette publique atteignait 111 % du PIB fin 2023 et le service de la dette 48 milliards d'euros, une charge qui devrait atteindre 70 milliards en 2027, soit le premier poste budgétaire. Si substituer des investissements à la consommation ne constitue pas en première instance un problème pour la croissance, l'augmentation des taux d'intérêt réels risque en revanche de provoquer une situation économique et financière dangereuse en raison des niveaux déjà atteints dans certains pays par l'endettement qu'il soit public ou privé.

L'augmentation des taux d'intérêt réels à long terme provoquée par la hausse du besoin d'investissement devrait donc conduire tous les acteurs économiques – États, entreprises, ménages – à réduire leur niveau d'endettement. Ce processus suppose la réduction des dépenses publiques non indispensables à la transition énergétique ou à la réindustrialisation (non stratégiques) ainsi que celle des dépenses privées (investissements des entreprises, logements des particuliers) non liées directement à la transition. D'où, en deuxième instance, un effet négatif durable sur la croissance (tant que l'endettement n'aura pas été réduit). Sans compter que les différents pays seraient alors guettés par la schizophrénie puisque l'importance des investissements de la transition énergétique déclencherait l'insuffisance d'épargne tandis que la hausse des taux d'intérêt provoquée par cette insuffisance compromettrait sûrement certains de ces investissements dont la rentabilité financière est faible, qu'il s'agisse de la décarbonation de l'industrie ou de la rénovation thermique des logements ! Enfin, il faut rappeler qu'il serait pour le moins hasardeux d'écarter le risque de crise financière dès lors que les taux d'endettement qui pouvaient paraître « normaux » avec le niveau antérieur des taux d'intérêt réels à long terme deviendront brutalement excessifs. On voit à quel point l'insuffisance d'épargne est lourde de menaces pour la prospérité de l'économie mondiale.

Cesser de cannibaliser l'épargne pour financer la consommation

Évidemment, il est toujours possible d'espérer ne pas avoir à prendre de telles dispositions dès lors que des réflexes citoyens susceptibles d'amener les consommateurs à adopter une certaine sobriété dans leur consommation et à épargner plus se seraient « spontanément » mis en place. Une évolution des mentalités se produira certainement, surtout si elle est accompagnée par une pédagogie efficace, mais elle prendra du temps et on peut craindre qu'elle ne soit pas *in fine* à la hauteur des besoins de financement.

Il faudra sûrement encourager une telle évolution des comportements en favorisant un ajustement des dépenses de transfert. Compte tenu des besoins d'investissement supplémentaires, il devient en effet absurde de mener des politiques aussi coûteuses de soutien à la consommation des ménages (aide à la consommation d'énergie ou de produits alimentaires, augmentation des transferts publics au détriment des investissements publics) et nécessaire de cibler exclusivement la défense du pouvoir d'achat des ménages les plus modestes. Quelques chiffres valent mieux qu'un long discours : dans l'OCDE, les dépenses de transferts (santé, retraite, logement, famille) excèdent les 18 % de PIB en valeur quand les investissements publics plafonnent à un peu plus de 3 %. Or, pour faire face aux besoins d'investissement qui sont et seront les nôtres dans les prochaines années, il va falloir passer d'une logique de soutien de la consommation à une logique de soutien de l'épargne si l'on veut espérer que le montant de cette épargne soit suffisant pour financer les investissements indispensables. On peut envisager par exemple la création de nouveaux produits d'épargne attrayants (tels les fonds SFDR articles 8 et 9 ciblés sur la transition énergétique par exemple) ou une bonification accrue de l'épargne d'entreprise à destination des salariés.

Quelles que soient les approches retenues, on imagine à quel point une telle évolution sera délicate à gérer politiquement. Néanmoins, compte tenu des exigences de la transition énergétique, la question de l'épargne s'annonce cruciale dans les années et les décennies à venir et, même si le propos n'est pas politiquement correct, il faut se poser la question de savoir comment il sera possible de cesser de cannibaliser l'épargne mondiale pour financer la consommation et faciliter la création d'une épargne longue, abondante et plus risquée, c'est-à-dire notamment avec un contenu en actions ou en *private equity* assez important. Nous aurons l'occasion d'y revenir[1] : les investissements nécessaires à la transition énergétique et plus largement écologique, c'est-à-dire incluant la sécurisation des ressources en eau et de la biodiversité, sont des investissements de long terme, de rentabilité financière faible pour un certain nombre d'entre eux (décarbonation de l'industrie qui n'accroît pas la production industrielle, rénovation thermique des bâtiments et des logements) et assez risqués pour d'autres dès lors qu'il s'agit de développer de nouvelles technologies (filière hydrogène, batteries électriques de nouvelle génération…), et il est nécessaire que la nature de l'épargne s'adapte à ces besoins.

Dans la bataille qui ne fait que commencer, l'Europe en général, et la France en particulier, souffrent d'un vrai

1. Voir chapitre 6.

handicap : l'aversion au risque. Certes, lorsqu'on compare le taux d'investissement des entreprises aux États-Unis et dans la zone euro, on observe que si les firmes américaines investissent bien plus que les entreprises européennes, c'est tout simplement que leur profitabilité a augmenté bien davantage que celle des européennes. Mais il existe une seconde explication au sous-investissement des sociétés européennes : celles-ci ont développé une forte aversion pour le risque, aversion qui se traduit par une accumulation de réserves de cash considérables : en zone euro, l'encours d'actifs liquides et monétaires détenu par les entreprises non financières atteint l'équivalent de quelque 30 % du PIB en valeur contre 7,5 % aux États-Unis. On peut imaginer que cette forte aversion au risque est due à la répétition des crises financières qui, chaque fois, ont donné un coup d'arrêt à la distribution de crédit, lequel reste le mode de financement très majoritaire des entreprises en zone euro, mais elle n'est pas sans conséquences : si les entreprises de la zone euro avaient investi l'essentiel de leurs réserves de cash, leur taux d'investissement aurait été plus élevé de 0,75 point par an en moyenne sur la période 1995-2022 et la croissance de leur stock de capital plus rapide de 0,9 point par an, c'est-à-dire qu'elles auraient pratiquement fait jeu égal avec la croissance du stock de capital, hors logement, des firmes américaines.

La structure de l'épargne financière en zone euro comme en France révèle en effet une proportion trop importante (de 65 à 70 %) d'épargne à court terme (liquide ou monétaire) et/ou sans risque (obligations d'État). Le poids des fonds de pension, qui investissent à long terme, en revanche est très faible : respectivement 18,2 % du PIB en zone euro et 8,7 % du PIB en France en 2022.

L'assurance-vie ne peut être réellement considérée comme un actif à long terme dès lors que les fonds peuvent être retirés à tout moment. Néanmoins, la durée moyenne de détention d'un contrat d'assurance-vie (12 ans) est longue… Pour financer la transition énergétique, il faudra donc sensiblement augmenter l'épargne risquée : en zone euro, les émissions d'actions cotées sont faibles et le *private equity* y lève des fonds nettement plus modestes qu'aux États-Unis (respectivement 362 et 179 milliards de dollars en 2022). Un handicap supplémentaire pour notre vieille Europe face aux États-Unis dans la bataille pour l'épargne. Un handicap qu'il faudra combler.

Pour conclure, soulignons que pour financer les investissements nécessaires dans les prochaines années/décennies, il faudra mobiliser les ressources en épargne longue (voir encadré 3) et disposer soit d'une épargne domestique abondante, soit d'une capacité d'emprunt importante auprès du reste du monde. Face à l'ampleur de la tâche et à la diversité des situations selon les pays, on comprend aisément que la guerre de l'épargne aura un coût économique et politique certain et que chaque pays devra faire et assumer de nombreux arbitrages dans les années qui viennent. Notamment des arbitrages fort peu populaires. Mais ce sera sûrement le prix à payer pour dynamiser la croissance potentielle et réussir cette transition énergétique indispensable à la survie de notre monde.

Encadré 3.
Quelques recommandations pour mobiliser l'épargne longue

Puisque les besoins de financement de l'investissement sont énormes et qu'il faut les financer avec des ressources en épargne longue et (au moins en partie) risquée, certaines politiques deviennent tout à fait contre-productives. Résumons-les en quelques recommandations.

• **Éviter l'utilisation du déficit public pour stimuler la consommation** puisque l'argent public doit aller en priorité au financement des investissements. Et, d'une manière générale, soutenir plutôt l'épargne et l'investissement que la consommation. Une évolution politiquement et sociétalement difficile.

• **Éviter le raccourcissement de la maturité moyenne des actifs financiers**, en particulier de l'actif long qu'est l'assurance-vie, puisqu'au contraire nous avons besoin d'une épargne longue.

• **Éviter la réduction du degré de risque sur les actifs financiers** : le développement du marché des actions cotées comme du non-coté est, de ce point de vue, bienvenu.

• **Éviter d'inciter les ménages à utiliser leur épargne pour consommer** (par exemple, en France, en débloquant intéressement et participation).

• **Favoriser au contraire, par la politique économique, toute mesure favorable à l'augmentation du revenu et donc de l'épargne disponible** (hausse du taux d'emploi, redressement des gains de productivité).

CHAPITRE 6

Transition énergétique : pour tous, le temps des sacrifices

« 157 dollars. » Lorsque, à la fin du mois d'octobre 2023, la Banque mondiale a publié une série de scénarios sur l'évolution du prix du baril de pétrole, dont un fondé sur l'hypothèse d'un embrasement du conflit entre Israël et le Hamas après l'électrochoc ukrainien, les Occidentaux ont commencé à trembler. 157 dollars, ce serait 9 dollars de plus que lors du précédent record de 2008. En travaillant sur ce cas extrême (dans le scénario de référence, le baril de Brent resterait assez proche de ses niveaux de 2023), les experts de Washington font l'hypothèse d'une « importante perturbation » des approvisionnements du Proche-Orient, qui assure actuellement quelque 40 % de la production mondiale d'or noir, autrement dit une perte de 6 à 8 millions de barils/jour, ce qui correspond à un choc comparable à l'embargo pétrolier de 1973. Et nos experts ont eu beau souligner que, même si une telle crise devait se produire, l'économie mondiale serait « en bien meilleure position que dans les années 1970 pour faire face à un choc pétrolier majeur » grâce à l'amélioration de l'efficacité énergétique, à la diversification des fournisseurs et aux nouvelles sources d'énergie, les pays consommateurs d'énergie n'ont voulu retenir que la menace associée à cette hypothèse à la silhouette d'un cygne noir.

Si certains observateurs ont pu craindre un instant que l'inquiétude géopolitique relègue à l'arrière-plan l'urgence écologique et que la lutte contre le dérèglement climatique fasse figure de victime collatérale de la guerre en Ukraine puis du conflit israélo-palestinien, la guerre devrait logiquement plutôt conforter les Occidentaux dans leur volonté d'accélérer le rythme de la transition énergétique. Sur ce point, un seul chiffre devrait suffire : la guerre en Ukraine et le nouveau comportement des pays de l'Opep ont déjà coûté 2 points de PIB à la zone euro avec des importations d'énergie qui sont passées de 1 à 3 points de PIB entre 2021 et 2023 ! Face au spectre de l'envolée des prix de l'énergie fossile, la volonté des États de renforcer leur sécurité d'approvisionnement en réduisant leur dépendance vis-à-vis de ces énergies importées au profit d'une énergie produite localement – dont une grande partie issue des renouvelables – donne à la transition énergétique une raison supplémentaire de se déployer. D'autant que le *statu quo* reviendrait à prendre un risque considérable. Déjà, en 2006, c'est-à-dire dans la quiétude d'une « mondialisation heureuse », le rapport Stern[1] soulignait que ne rien faire serait pire que tout et risquerait de provoquer une crise économique comparable à celle de 1929[2].

1. L'économiste Nicholas Stern est un ancien vice-président de la Banque mondiale.
2. *The Economics of Climate Change. The Stern Review*, octobre 2006.

Pour autant, la transition énergétique dans laquelle la planète s'engage malgré tout à reculons promet d'être un bouleversement de première grandeur qui ne pourra s'accomplir sans pleurs ni grincements de dents. Comme le soulignent les économistes Jean Pisani-Ferry et Selma Mahfouz dans un rapport publié au printemps 2023, c'est une transformation d'une ampleur comparable à celle des révolutions industrielles du passé[1].

Révolutionner le mix énergétique mondial

Qu'on en juge. Accomplir la transition énergétique à l'échelle de la planète, cela signifie transformer l'ensemble du système de production, de distribution et de consommation d'énergie afin de diminuer drastiquement son impact environnemental. Cette « révolution » suppose de modifier en profondeur le mix énergétique mondial en agissant sur tous les fronts à la fois (production et stockage d'énergies renouvelables, décarbonation de l'industrie et des transports, rénovation des bâtiments et des logements) afin d'atteindre la neutralité carbone à l'horizon 2050 et d'obtenir un mix énergétique mondial cohérent avec le maintien de l'augmentation de la température moyenne en dessous de 2 °C et si possible à 1,5 °C à la fin du siècle, conformément à l'Accord de Paris de 2015 (COP21).

Pour atteindre ces objectifs, il faudrait – selon les calculs de l'Agence internationale de l'énergie – que l'offre totale d'énergie diminue d'environ 10 % d'ici à 2050 et qu'à cet

1. Jean Pisani-Ferry, Selma Mahfouz, *Les Incidences économiques de l'action pour le climat. Rapport à la Première ministre*, France Stratégie, mai 2023 (https://www.strategie.gouv.fr/publications/incidences-economiques-de-laction-climat).

horizon la part des renouvelables soit passée de 12 % en 2021 à 70 %, soit les deux tiers de l'offre totale, tandis que celle du pétrole serait tombée de 29 à 7 %, celle du charbon de 26 à 3 % et celle du gaz naturel de 23 à 8 %, le nucléaire complétant l'offre en passant de 5 à 12 %[1]. Ainsi, non seulement la transition énergétique préserverait à long terme la planète de la catastrophe climatique mais protégerait aussi la santé publique et stimulerait la croissance en garantissant la fourniture d'une énergie peu chère une fois l'amortissement des équipements nécessaires réalisé. Elle irait aussi de pair avec l'arrêt des importations d'énergies fossiles et une hausse du revenu consommé et réinvesti localement en raison de la disparition des importations d'énergies fossiles. Une aventure collective aussi exceptionnelle que difficile à accomplir et qui devra mobiliser des acteurs qui ont déjà bien du mal à respecter leur feuille de route.

Les grands pays de l'OCDE encore loin de leurs objectifs

Le dernier rapport annuel de l'Agence internationale de l'énergie (AIE)[2] se veut encourageant. Il met en évidence un bond des investissements dans les énergies renouvelables au niveau mondial. Pour la première fois en 2023, les investissements dans l'énergie solaire ont dépassé les investissements pétroliers avec 382 milliards de dollars contre 371 milliards. Quant aux sommes allouées aux

1. *World Economic Outlook 2022*, Agence internationale de l'énergie, novembre 2022.
2. *World Economic Outlook 2023*, octobre 2023 (http://iea.org).

technologies décarbonées, elles ont atteint 1 700 milliards de dollars, contre environ 1 000 milliards pour les énergies fossiles. Ainsi les experts de l'AIE ont-ils à cœur de mettre en avant les efforts accomplis au cours des dernières années. Ceux de la Chine, qui a investi près de 540 milliards de dollars dans les technologies écologiques, contre 180 milliards pour l'Europe et 145 pour les États-Unis[1]. Ceux des États-Unis qui, avec leur plan infrastructure (2021) puis l'*Inflation Reduction Act* (2022), se posent également en sérieux compétiteur pour le leadership mondial des équipements liés à la transition énergétique. Au total, ces deux paquets législatifs prévoient une enveloppe de près de 500 milliards de dollars de subventions, prêts et incitations fiscales pour accélérer le développement d'énergies renouvelables, de techniques de neutralisation du carbone et d'infrastructures de stockage et de transport. Quant à l'Europe, elle est certes en tête en matière de rythme de décarbonation de son économie, avec une part de 22 % d'électricité verte dans son mix énergétique, contre 15 % aux États-Unis et 14 % en Chine, mais reste loin derrière les deux premiers sur le terrain de l'innovation et de la production : une large majorité des technologies décarbonées déployées sur le Vieux Continent sont importées, en particulier de Chine en ce qui concerne les batteries électriques et les installations solaires.

Malgré ces récents efforts en matière de réduction des émissions de CO_2, les grands pays de l'OCDE (États-Unis, Royaume-Uni, zone euro et Japon) sont encore loin du compte. Selon la dernière étude du Programme des Nations unies pour l'environnement (PNUE) publiée

1. Chiffres 2022 dans *Competing in the New Zero-Carbon Industrial Area*, Strategic Perspectives, 2023.

à l'occasion de la COP28 qui s'est tenue à Dubaï du 30 novembre au 12 décembre 2023, les émissions de gaz à effet de serre ont encore augmenté de 1,2 % entre 2021 et 2022 pour atteindre un nouveau pic de 57,4 gigatonnes d'équivalent dioxyde de carbone ($GtCO_2$), ce qui place la Terre sur la voie d'un réchauffement de 2,5 à 2,9 °C à la fin du siècle[1] (voir graphique 10). Commentaire d'António Guterres, le secrétaire général de l'ONU, qui fait des fossiles « les racines empoisonnées de la crise climatique » : « Les dirigeants doivent redoubler d'efforts de façon spectaculaire, avec des ambitions record, des actions record et une réduction des émissions record » !

Graphique 10.
Émissions de CO_2 (base 100 en 1990)

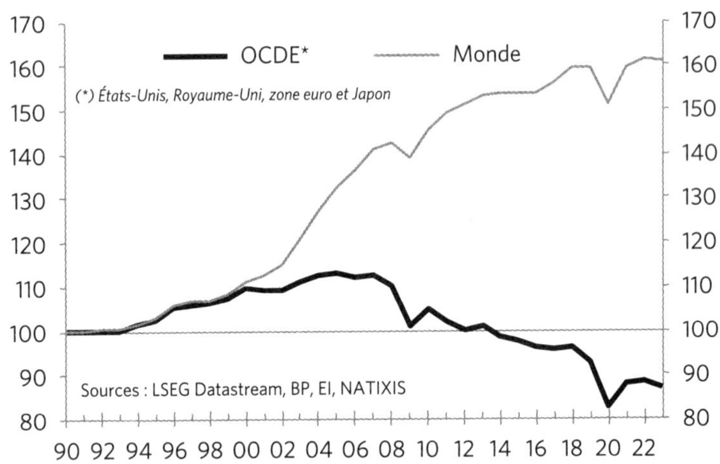

1. *Emissions Gap Report*, PNUE, 2023 (http://www.unep.org/https://www.unep.org/fr/resources/rapport-2023-sur-lecart-entre-les-besoins-et-les-perspectives-en-matiere-de-reduction-des).

En réalité, même dans les pays où les émissions diminuent le plus, aucun membre du G20 ne les réduit actuellement à un rythme qui correspond à ses objectifs. Pas plus l'Europe que les autres pays/régions du monde. Pour que l'objectif 2050 soit respecté, il faudrait – d'ici à 2030 – voir les émissions de CO_2 de l'Union européenne diminuer de 28 % (29 % pour celles de la France), soit un rythme annuel de baisse de 3,7 % (3,8 % pour la France) alors que depuis 2018 celui-ci n'a pas excédé 2 % l'an pour l'UE, 2,2 % pour l'Hexagone. Sans compter qu'en 2022 l'augmentation des prix de l'énergie a provoqué un effort d'économie qui ne sera pas spontanément reproductible. En outre, on observe déjà que certains gouvernements relâchent leur effort (subvention à l'achat de carburants, utilisation accrue du charbon…). C'est dire s'il s'agit plus que jamais d'accélérer en mobilisant toutes les bonnes volontés : augmenter le rythme de production d'énergies renouvelables et diminuer la consommation totale d'énergie par l'accélération du rythme de décarbonation de l'industrie, de l'isolation thermique des bâtiments et logements, sans oublier un effort de sobriété du côté des ménages… Un processus qui suppose aussi que les entreprises s'attaquent résolument à la destruction du capital ancien associé aux énergies fossiles et à son remplacement par du capital nouveau lié aux énergies renouvelables. Autant d'obstacles qui restent à surmonter.

Le remplacement des fossiles par les renouvelables est inflationniste

Le premier obstacle est évidemment celui du financement. Réussir cette transition exige un énorme effort d'investissement car il va notamment falloir produire les équipements nécessaires à la transition (production et stockage d'énergies renouvelables, rénovation thermique des bâtiments et des logements, décarbonation de l'industrie et des transports). Et ce dans chaque région du monde. Pas question en effet de remplacer la dépendance aux pays producteurs de pétrole par une dépendance aux fabricants chinois de cellules solaires ! D'autant que si la transition énergétique suppose un report de la consommation vers l'investissement (production d'énergies renouvelables, décarbonation de l'industrie, rénovation thermique des bâtiments et des logements) qui n'est pas en soi une cause de recul de la croissance, cela le deviendrait si une partie importante de ces biens d'équipement devait être importée (c'est pour l'instant le cas pour les batteries électriques, pour les équipements destinés aux réseaux électriques…). Sans parler des investissements associés à la gestion raisonnée de l'eau et au maintien de la biodiversité pour lesquels il faudra ajouter les aménagements et dispositifs susceptibles de protéger ou de préserver un nombre suffisant d'espèces vivantes, animales et végétales.

On connaît à peu près, on l'a dit, le montant des besoins d'investissement supplémentaires liés à tous ces objectifs. Pour ce qui concerne la transition énergétique, les estimations du rapport Pisani-Ferry-Mahfouz suggèrent un besoin d'investissement net supplémentaire de

2,5 points de PIB par an (soit 2 500 milliards de dollars à l'échelle mondiale), une estimation qui fait plus ou moins consensus. Les investissements relatifs à la gestion de l'eau sont évalués, selon les études disponibles, à quelque 350 milliards de dollars par an (soit 0,35 % du PIB mondial). Quant aux besoins d'investissement annuels sur la biodiversité, l'Institut Paulson les a estimés à 800 milliards de dollars (contre environ 140 milliards actuellement). En outre, il ne faut pas oublier d'ajouter les dépenses publiques associées à la nécessité de préserver le pouvoir d'achat des ménages les plus modestes, lesquels seront fortement affectés par le renchérissement du prix de l'énergie et de l'eau, renchérissement inévitable, au moins dans un premier temps. Si on fait l'hypothèse que l'on consacre 0,5 % du PIB mondial chaque année à ce soutien (soit environ 500 milliards de dollars), les dépenses d'investissement (nettes) supplémentaires nécessaires pour financer la transition énergétique, pour améliorer la gestion de l'eau, pour préserver la biodiversité devraient représenter au moins 4 points de PIB pendant vingt-cinq à trente ans dans les pays de l'OCDE et dans les pays émergents, dont 2 à 2,5 points pour les seuls investissements associés à la transition énergétique (voir graphique 11).

Mais ce n'est pas tout. La transition énergétique va également imposer une hausse du coût de production de l'énergie. Le remplacement des énergies fossiles par des énergies renouvelables fera en effet monter les prix, et les fera monter significativement. Autrement dit, la transition énergétique est et sera inflationniste. La raison en est très simple : le coût de production des énergies renouvelables sera élevé, au moins dans un premier temps,

Graphique 11.
Monde : investissement dans les énergies fossiles et les énergies renouvelables (en milliards de dollars 2022)

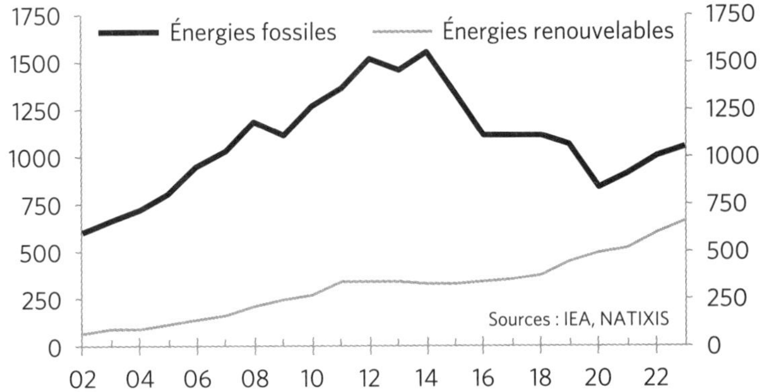

en raison de l'intermittence de la production qui implique de disposer de surcapacités de production et d'absorber les coûts du stockage, d'autant plus coûteux que le rendement énergétique des technologies de stockage est assez faible. Corollaire : puisque l'électricité deviendra l'énergie la plus utilisée, on peut d'ores et déjà prévoir une hausse significative de son prix. Enfin, on sait aussi que la production et le stockage des énergies renouvelables consommeront des matières premières (nickel, lithium, cobalt…), lesquelles commencent déjà à manquer, d'où, là encore, une augmentation annoncée des prix.

Pour compliquer le tout, ce supplément d'investissements et de dépenses devra être réalisé, en tout cas en ce qui concerne la zone euro, dans un contexte d'endettement élevé et de croissance faible, ce qui signifie qu'il ne faudra compter sur aucune marge de manœuvre budgétaire. À partir de là, et si on part pour notre réflexion du principe que l'investissement dans la transition énergétique est une donnée, on discerne très vite que la politique économique qui permettra de financer la transition énergétique sera placée sous forte contrainte et que l'ensemble des acteurs sera amené à faire des choix voire des sacrifices, lesquels idéalement devront être répartis aussi équitablement que possible. Ce qui, au plan politique, représente un sérieux défi. Nous allons essayer d'imaginer ce que cela signifie dans le cas particulier qui nous concerne, celui de la zone euro.

Sortir des politiques économiques conventionnelles ?

L'hypothèse (raisonnable) est que ces investissements seront pour moitié effectués par l'État et les collectivités locales, pour moitié par les entreprises et les ménages, ce qui signifie qu'il faudra accroître l'investissement public de 274 milliards d'euros par an dans la zone euro et de 53 milliards en France, et augmenter l'investissement privé d'un montant équivalent pendant au moins une génération. Certains experts chiffrent même le besoin de financement total, public et privé, à quelque 150 milliards d'euros par an pour un pays comme la France si l'on tient compte des besoins associés à la transition écologique au sens large (eau, biodiversité...). Et nous ne parlons pas ici des autres investissements absolument nécessaires dans les années qui viennent (éducation, santé, sécurité...). L'épargne disponible, on l'a vu, devra être suffisante pour faire face à ce besoin de financement public et privé exceptionnel, ce qui signifie que les politiques budgétaires et fiscales, le partage des revenus entre salaires et profits, doivent être cohérents avec la nécessaire augmentation de l'épargne et que tous les acteurs, pouvoirs publics, ménages, entreprises devront être mis à contribution. Le tout dans un environnement inflationniste avec des taux d'intérêt plus élevés, que la transition énergétique d'ailleurs contribue à alimenter, et où il sera donc beaucoup plus difficile de financer des investissements d'horizon long et de rentabilité financière faible pourtant nécessaires à la transition.

Comment financer ? Accroître l'endettement extérieur n'est pas évident pour tous les pays. La France, par exemple, affiche déjà un déficit de sa balance courante de 2 % de PIB, ce qui signifie qu'elle doit emprunter l'équivalent (environ 55 milliards d'euros) en raison de l'insuffisance de l'épargne domestique pour couvrir ses besoins d'investissement. Un montant qu'il lui faudrait porter à 6 % pour couvrir par l'endettement extérieur la totalité du supplément d'investissement nécessaire à la transition. En outre, tous les pays étant confrontés à la nécessité de trouver de l'argent pour financer les investissements liés à l'écologie, on peut d'ores et déjà prédire une guerre de l'épargne dans un monde où celle-ci se fera rare[1]. Pour de nombreux pays, dont la France, il semble compliqué d'espérer financer ces investissements supplémentaires par l'endettement extérieur.

Reste la solution nationale. Il existe dans l'absolu trois méthodes pour financer les investissements de transition écologique. On peut d'abord inciter les ménages à épargner davantage en augmentant le rendement réel de leur épargne, autrement dit remonter les taux d'intérêt jusqu'à ce que, spontanément, leur taux d'épargne s'accroisse du

1. Voir chapitre 5.

montant nécessaire ; on peut aussi mettre en place de l'épargne forcée (emprunts obligatoires...) ou augmenter la pression fiscale, ce qui revient pratiquement au même et augmenterait parallèlement le taux d'épargne des ménages et le taux d'investissement public ; on peut enfin revenir à des taux d'intérêt réels à long terme inférieurs à la croissance en volume grâce à une politique monétaire très expansionniste, ce qui permettrait d'avoir un déficit public élevé sans faire monter le taux d'endettement ou, ce qui est équivalent, créer de la monnaie *ex nihilo* pour financer ces investissements publics.

Parmi ces trois hypothèses, on peut d'emblée écarter la première. La remontée des taux d'intérêt réels à long terme, déjà amorcée depuis le début de 2021, posera problème dans la mesure où elle augmentera le coût des investissements publics et privés, découragera l'effort d'investissement et nécessitera une baisse des déficits publics (le déficit public primaire, hors intérêts sur la dette, doit disparaître) pour assurer la soutenabilité de la dette publique. Doper l'incitation à l'épargne par des rendements élevés est contre-productif. Il reste donc en réalité deux possibilités pour financer les investissements de transition écologique.

La première, c'est le retour à une politique monétaire très expansionniste avec des taux d'intérêt à court terme bas et du *quantitative easing*[1] pour financer par la création monétaire, par la création de réserves excédentaires des banques payant un taux d'intérêt très faible,

1. Le *quantitative easing* (assouplissement quantitatif) consiste pour une banque centrale à acheter des actifs (en particulier des titres de dette publique) sur les marchés financiers et ainsi à créer de la monnaie et faire baisser les taux d'intérêt, ce qui permet aux ménages, aux entreprises et aux États de se financer dans de bonnes conditions et favorise la croissance.

les investissements supplémentaires nécessaires. Il nous semble, premier point essentiel dans la réflexion pour les années à venir, que si l'on veut réellement mettre en œuvre la transition énergétique, et compte tenu de la croissance potentielle prévisible en zone euro, il faudra sortir des politiques économiques conventionnelles en acceptant une inflation plus forte sans réagir par la hausse des taux d'intérêt. Concrètement, cela signifie maintenir des taux d'intérêt réels à long terme inférieurs à la croissance potentielle et utiliser cet écart positif entre croissance potentielle et taux d'intérêt réel à long terme pour accroître le déficit public tout en préservant un déficit public primaire qui ne fasse pas monter le taux d'endettement public (rappelons que si le taux d'intérêt réel est inférieur au taux de croissance de l'économie, un pays peut avoir un déficit public élevé sans faire augmenter son taux d'endettement public). Une politique budgétaire restrictive destinée à faire baisser les déficits publics empêcherait en effet l'État et les collectivités locales de faire leur part des investissements nécessaires. Nous y reviendrons[1].

La seconde possibilité, c'est de réussir à modifier le ratio consommation/épargne des ménages en faveur de l'épargne. En clair, et cela ne fera plaisir à personne, il s'agit d'inciter les Français (comme d'ailleurs les autres ressortissants de l'UE) à consommer moins et à épargner davantage pour pouvoir investir davantage, une nécessité qui malheureusement concerne les classes moyennes supérieures. Un tel ajustement pourrait par exemple être déclenché par l'arrêt des politiques de soutien à la consommation (d'énergie en particulier) et par une baisse

1. Voir chapitre 9.

significative des transferts publics aux ménages aisés. Il pourrait être également facilité par le lancement d'un emprunt obligatoire ou une augmentation de la pression fiscale, ce qui revient à peu près au même. En parallèle, il faudra au contraire impérativement aider les plus fragiles à faire face aux coûts associés aux contraintes de la transition énergétique, et ce d'autant plus que l'augmentation du prix relatif de l'énergie provoquera de fortes inégalités de revenu, ce qui exige des politiques redistributives généreuses.

D'une manière générale, la gestion des opinions publiques européennes s'annonce délicate et nécessitera une communication et des politiques adaptées de la part des gouvernements de l'UE. Surtout si, comme on l'observe actuellement, le monde continue à prendre quelques libertés avec les objectifs climatiques. La part de l'Europe dans les émissions mondiales de CO_2 étant mineure, les Européens risquent d'avoir à un moment donné le sentiment de faire un effort disproportionné en regard de l'absence de discipline des autres pays ou continents, ce qui pourrait devenir un problème politique majeur pour les gouvernements européens (on l'a observé, par exemple, en France avec le mouvement des agriculteurs début 2024). Inévitablement pourtant, sur le front de la transition énergétique, tous les pays de la planète, à commencer par les pays occidentaux, ne marchent pas d'un même pas. Sans parler de la stratégie de telle ou telle major pétrolière ou gazière, par exemple.

Il ne sera pas facile de se débarrasser du fossile

Les derniers événements géopolitiques pèsent de tout leur poids sur les comportements des pays producteurs – pays de l'Opep, Russie –, qui ajustent leur production de pétrole et de gaz pour maintenir des prix élevés. Une stratégie qui, au passage, favorise la compétitivité de l'économie américaine par rapport à l'économie de l'Union européenne et incite les compagnies pétrolières et gazières (dont beaucoup d'américaines) à continuer d'investir dans l'énergie fossile puisque ces investissements sont plus que jamais très rentables. Pour preuve, les profits des principales entreprises privées productrices de pétrole, de gaz et de charbon ont atteint 250 milliards de dollars en 2022 et 98 milliards au premier semestre 2023. En 2023, les investissements dans l'exploration et l'exploitation pétro-gazières ont encore augmenté de 7 % avec plus de 600 milliards de dollars, rattrapant le niveau d'avant la crise du Covid, et les investissements dans l'exploitation du charbon de 10 %. Comment ne pas voir là les contours d'un conflit d'intérêts entre les exigences climatiques d'une part et la rentabilité des compagnies pétrolières et gazières de la planète d'autre part, affairées à déployer leurs projets en matière d'exploitation d'énergies fossiles ?

C'est ainsi que deux ONG françaises, Éclaircies et Data for Good, ont recensé 422 sites d'extraction, dont 294 en exploitation et 128 encore à l'état de projets, autant de sites qui contiennent les plus grosses réserves de charbon, de pétrole et de gaz connues sur la planète (et donc d'émissions de CO_2 en puissance), et 454 entreprises en train d'allumer la mèche de ces « bombes carbone » pour lesquelles elles jouent le rôle d'opérateurs et/ou d'actionnaires[1]. La Chine, la Russie et les États-Unis arrivent en tête des pays hôtes devant les États du Golfe (Arabie Saoudite, Qatar, Irak, Iran), l'Australie, le Canada, l'Inde et le Brésil. Bien que moins exposée, l'Europe n'est pas absente de ce *mapping* : Allemagne, Serbie et Grèce pour le charbon, Norvège pour les gisements pétro-gaziers offshore et des projets au Royaume-Uni et en Pologne. Mobiliser des moyens financiers colossaux dans des investissements qui vont durer des décennies repousse en réalité mécaniquement l'horizon de la transition tout en aggravant les dérèglements climatiques, mais les tenants du fossile les justifient par la nécessité d'éviter les pénuries ainsi que l'envolée des prix pendant la période de transition vers le renouvelable. Quant aux États, acteurs eux aussi par le biais des autorisations d'exploration mais aussi de diverses mesures réglementaires, économiques et fiscales, ils tergiversent, hésitant à cibler telle ou telle entreprise dans un système globalisé…

Il ne sera donc pas si facile de se débarrasser du fossile. C'est une mauvaise nouvelle pour le climat mais aussi pour la compétitivité européenne puisque le réinvestissement dans le pétrole et le gaz aux États-Unis va tirer les prix vers le bas de l'autre côté de l'Atlantique. L'Europe a la réputation d'aller plus vite que ses partenaires en matière énergétique, ce qui est certainement très vertueux mais peut s'avérer aussi extrêmement risqué. Dans un premier temps, les acteurs économiques européens pourraient en effet payer leur énergie quatre, cinq voire six fois plus cher que leurs concurrents américains. Le pire

1. Voir à ce sujet « Carbon bombs under the spotlight », octobre 2023 (http://www.CarbonBombs.org).

n'est jamais sûr, mais si tel devait être le cas, l'industrie européenne n'y résisterait pas. Ce constat suscité par le comportement récent des producteurs de fossile appelle en tout cas une réflexion plus large sur le comportement du système capitaliste, un système qui n'est pas exempt de dérives à l'heure où tout milite en faveur d'un ajustement de ses objectifs.

Le capitalisme néolibéral doit changer ses priorités

La maximisation du profit (de la valeur) pour l'actionnaire est l'objectif essentiel du capitalisme néolibéral depuis le début des années 1980. Pour preuve, l'augmentation de l'écart entre le rendement pour l'actionnaire (autrement dit le ratio profits/valeur économique du capital), le taux d'intérêt à long terme sur la dette publique (11,5 % aux États-Unis en janvier 2024, 7,5 % en zone euro, 7,3 % au Japon et 3 % au Royaume-Uni) et l'augmentation de la part des profits dans le PIB avec une croissance de la productivité nettement plus rapide que celle du salaire réel (voir graphiques 12a et 12b). Or, si l'objectif de maximisation du rendement pour l'actionnaire est inchangé, il entrera en conflit avec la mise en œuvre de la transition énergétique pour au moins deux raisons.

La première est que les investissements à rentabilité économique et financière faible (décarbonation de l'industrie, passage d'un capital « brun » à un capital « vert ») ne seront pas réalisés si l'objectif du capitalisme reste, comme c'est le cas depuis les années 1980, la maximisation de la création de valeur pour l'actionnaire (à moins que soit mis en place un prix du CO_2 très élevé – 300 euros la tonne, voire plus – pour inciter les entreprises à faire ces investissements). La seconde est que la rémunération versée aux actionnaires (dividendes et rachats d'actions) est trop importante (plus de 7 % du PIB OCDE en valeur) pour laisser aux entreprises les ressources suffisantes pour autofinancer les investissements nécessaires.

Graphique 12a.
États-Unis : salaire réel et productivité par tête (base 100 en 1980)

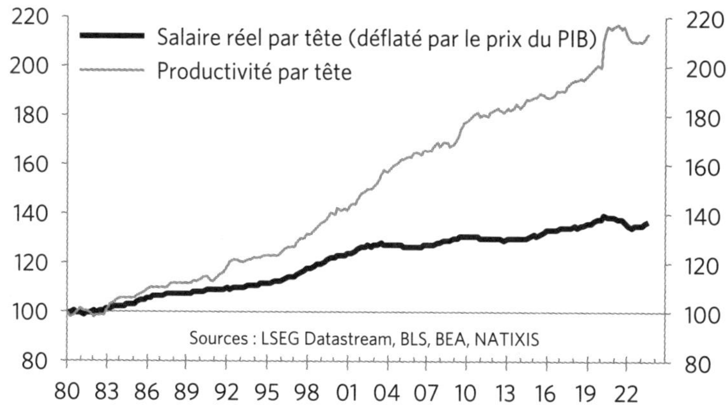

Graphique 12b.
Zone euro : salaire réel et productivité par tête (base 100 en 1980)

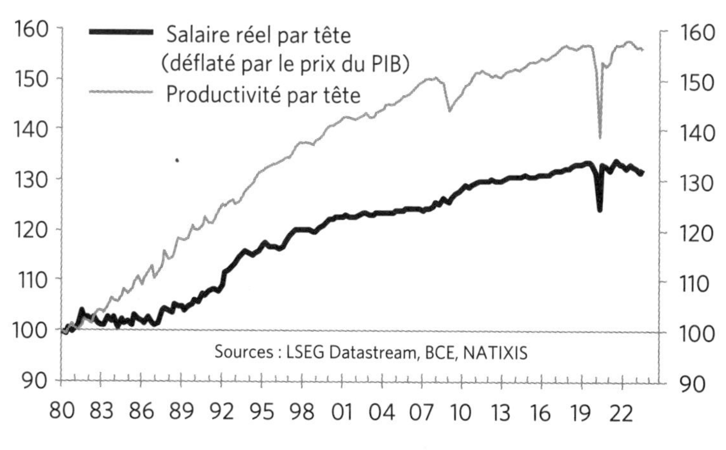

Pour que la transition puisse se faire dans d'aussi bonnes conditions que possible, il faudrait sortir du modèle du capitalisme néolibéral, que les entreprises acceptent une diminution du rendement des fonds propres pour leurs actionnaires et une baisse de la rémunération (dividendes, rachats d'actions) qu'elles leur versent, laquelle est, quelles que soient les circonstances, en constante augmentation. En France, par exemple, avec près de 100 milliards d'euros (97,1 milliards précisément, dont 67,1 milliards sous forme de dividendes en numéraire et 30,1 sous forme de rachats d'actions, selon la Lettre Vernimmen.net[1]), jamais les 40 premières entreprises françaises n'auront reversé autant d'argent à leurs actionnaires qu'en 2023. Le précédent record datait de 2022, à 80,1 milliards d'euros, dont 56,5 milliards de dividendes et 23,7 milliards en rachats d'actions. Compte tenu des énormes besoins de financement induits par la transition écologique, les entreprises, en particulier les plus grandes, ne peuvent continuer à ignorer à ce point l'intérêt général pour servir ceux de leurs actionnaires.

La transition énergétique représente une transformation d'une ampleur comparable à celle des révolutions industrielles du passé et elle a peu de chances de succès si tous les acteurs concernés, États, entreprises, contribuables, épargnants, consommateurs, rechignent à y prendre leur part.

Tous vont devoir ajuster leurs priorités et leurs comportements et faire des sacrifices pour apporter leur contribution à l'intérêt général. D'autant que l'économie mondiale est en train de troquer les atours chatoyants de

1. *Lettre n° 214* du 6 janvier 2024, Vernimmen.net.

l'abondance pour les atours sensiblement plus austères de la rareté, rareté qui charrie dans ses bagages le retour de la flambée des prix et du loyer de l'argent. La transition s'annonce difficile tant pour les ménages que pour les entreprises et les États, condamnés à rompre définitivement avec les facilités du monde d'hier.

CHAPITRE 7

Où il est question de rareté, d'inflation et de taux d'intérêt

Si l'économie est bien la science de la gestion de la rareté, comme on le dit parfois, les économistes de la planète ne vont pas manquer de grain à moudre dans les années et les décennies qui viennent. Rareté sur l'énergie, les matières premières, l'épargne, le travail, le capital... Ils risquent même de ne pas savoir où donner de la tête tant les raretés accourent en abondance ! Un oxymore lourd de menaces. Le monde a en effet basculé brutalement d'une économie tout entière suspendue à la vitalité de la demande à une économie handicapée par l'insuffisance de l'offre. Désormais, on manque de tout. De la moutarde dans les supermarchés jusqu'aux microprocesseurs en passant par le travail qualifié, les matières premières, les médicaments, l'énergie, le capital voire demain, dit-on, le chocolat, les huîtres, l'hélium, le sable ou encore la lavande ! L'insuffisance spontanée ou organisée de tel ou tel bien génère autant de goulots d'étranglement, source des tensions inflationnistes que l'on a vu faire soudainement leur réapparition dans le système. La question que l'on croyait presque oubliée ressurgit aujourd'hui dans le fracas du monde. Or une inflation mal régulée peut être source de drames individuels, mais aussi collectifs, voire de nouvelles et violentes confrontations. Le basculement est brutal et le monde en plein bouleversement. Jusqu'où tout cela nous mènera-t-il ? Comment créer des richesses à partir de ressources rares ? Redisons-le, la transition s'annonce douloureuse pour l'ensemble des acteurs, contraints de rompre avec les facilités d'hier.

L'abondance, période bénie des entreprises, moins des salariés

Depuis la décennie 1990, et plus encore dans les années 2000 puis 2010, c'est l'abondance qui régnait sur les différents marchés. Le marché du travail avec l'ouverture de nos économies vers les pays émergents, les économies occidentales pouvant ainsi bénéficier de l'abondante quantité de travail disponible aux quatre coins de la planète. Le marché des matières premières, à commencer par l'énergie, avec l'abondance des réserves en pétrole et en gaz naturel. Le marché des biens aussi puisqu'il y avait à l'époque suffisamment de production de biens pour satisfaire largement la demande. Sans oublier le marché de l'épargne puisque le monde a navigué pendant des années sur un océan d'épargne.

Logiquement, ces trois cornes d'abondance ont fabriqué des taux d'intérêt réels très bas, reflet de l'excès d'épargne, une inflation minimale, reflet de l'abondance de biens, et une baisse des salaires réels, reflet de l'abondance du travail, en particulier du travail délocalisable vers les pays émergents. À cet inventaire, on pourrait encore ajouter l'abondance des matières premières avec en moyenne des prix bas, fruits de l'abondance de nombreuses matières premières et de l'énergie. Une martingale en forme de pain bénit pour les comptes des entreprises. Pendant toute cette période, le bas niveau des taux d'intérêt ainsi que l'excès d'épargne ont aussi provoqué une forte hausse du prix des actifs (actions, immobilier, entreprises) favorable aux détenteurs de patrimoine (épargnants, actionnaires). Les grands perdants furent en revanche les salariés, victimes d'une abondance de travail qui a continûment pesé sur les salaires : dans l'ensemble des pays de l'OCDE, le partage des revenus a considérablement favorisé les profits des entreprises au détriment des salaires au cours des vingt-cinq dernières années.

Avec la sortie de la crise sanitaire, il n'aura finalement fallu que trois petites années pour que la situation bascule. Trois années au cours desquelles la demande de biens de toutes sortes (énergie, métaux, transports, semi-conducteurs, matériels divers, équipements de la maison…) a repris du poil de la bête, stimulée par l'apparition de nombreuses pénuries. Un choc pour les acteurs de l'économie qui n'avaient pas forcément anticipé un tel retournement. Rareté partout, abondance nulle part ! Un retournement encore amplifié par le déclenchement de la guerre en Ukraine et la disparition de l'offre de gaz naturel russe et par les effets du vieillissement démographique, particulièrement en Chine, qui font chuter l'offre de biens produits par ce pays. Avant d'analyser cette nouvelle situation, arrêtons-nous un instant sur l'enchaînement qui a provoqué ce basculement brutal.

Rareté partout, abondance nulle part

• **Premier élément, largement méconnu mais très important : la déformation de la structure de la demande des services vers les biens** à la sortie de la crise sanitaire. Depuis vingt ans, la part des services dans la demande totale augmentait tandis que celle des biens diminuait. Brutalement, la tendance s'est retournée, tant pour les biens que pour les services. Contraints de passer plusieurs mois à la maison pour cause de crise sanitaire, les habitants des pays de l'OCDE ont adapté leur mode de vie et changé leurs habitudes de consommation. Ils se sont installés dans le télétravail (matériel informatique, matériel de bureau) et ont entrepris des travaux (équipement de la maison, mobilier, mobilier de jardin, piscines…). Une mutation qui s'est installée dans la durée avec l'aspiration de plus en plus partagée de vivre autrement. L'amorce de la transition énergétique, elle aussi, a dopé la demande de biens avec l'augmentation des investissements nécessaires. Autant d'évolutions qui ont provoqué l'apparition de nombreux goulots d'étranglement dans les secteurs des matières premières, du transport et des semi-conducteurs, bien avant le déclenchement de la guerre en Ukraine. Celle-ci toutefois n'a rien arrangé, en particulier en Europe, en provoquant un choc de prix sur l'énergie et un choc d'offre sur de nombreuses matières premières : l'huile de tournesol, le blé ou le palladium, entre autres, et, bien sûr, le gaz et le pétrole. D'autant que les pays de l'Opep ont décidé d'organiser la rareté de leur production. Tant que ce comportement durera, il est à craindre que l'on reste sur un prix du pétrole relativement élevé même en période de faible croissance des pays de l'OCDE.

• **Deuxième élément essentiel : la rareté du travail.** Dans ce domaine, la crise sanitaire et les confinements ont sensiblement modifié les comportements. Aux États-Unis comme au Royaume-Uni, et dans une moindre mesure dans les autres pays occidentaux, on observe un recul significatif de la population active, certains salariés choisissant de démissionner car ils ne souhaitent plus subir les contraintes associées au travail. En tout cas, plus dans les mêmes conditions qu'auparavant. Quand d'autres, moins radicaux mais tout aussi résolus, pratiquent assidûment – expression venue des États-Unis – le *quiet quitting*, autrement dit la démission silencieuse. Les salariés touchés par ce nouveau syndrome préfèrent rester en poste tout en se contentant d'effectuer le strict minimum. L'adepte de la « démission silencieuse » respecte ses horaires à la minute près, refuse de répondre à toute sollicitation en dehors de son activité professionnelle et regarde ailleurs si l'un ou l'une de ses collègues a besoin de lui… Les psychologues du travail y voient une démonstration de plus d'un certain désenchantement des salariés vis-à-vis des promesses non tenues par leurs entreprises en termes de reconnaissance, d'épanouissement et de bien-être. Le phénomène est né aux États-Unis mais touche aussi l'Europe où, sans diminution de la population active, on observe – comme on a eu l'occasion de le voir – une stagnation voire une baisse de la productivité du travail. Ce qui, en termes de tension sur le marché du travail, revient au même puisque si la productivité du travail diminue, les entreprises auront besoin d'une quantité de travail plus importante, toutes choses égales par ailleurs.

En outre, ce n'est pas le cas partout, mais dans certains pays, notamment en Europe du Sud (France, Espagne, Italie), vient se greffer un problème de compétences, avec désajustement entre offre et demande de travail, ce qui rend encore plus complexes les problèmes liés à l'insuffisance de l'offre.

Pour la zone euro, cette analyse est confirmée par l'enquête de la Commission européenne sur les facteurs qui limitent la production des entreprises. Jusqu'en 2016, l'insuffisance de la demande était le facteur limitatif essentiel. Les chefs d'entreprise se désolaient de ne pouvoir produire davantage faute de demande supplémentaire. Mais à partir de 2017, et plus encore de 2021, la demande n'est plus citée, elle est remplacée par les difficultés de recrutement, l'insuffisance de la main-d'œuvre et des équipements disponibles en raison d'un sous-investissement passé. Et c'est ainsi qu'on est passé, en quelques années, d'une explication keynésienne (insuffisance de la demande) à une explication associée à la rareté de l'offre avec son impact sur les prix.

• **Enfin, troisième rareté très importante à laquelle nous avons consacré un développement particulier**[1]**, celle de l'épargne** dès lors que la planète va devoir engager d'énormes investissements dans la transition énergétique. Nous n'y reviendrons pas ici. Rareté des biens, rareté du travail, rareté de l'épargne… En tout cas, une telle abondance de raretés ne pouvait qu'ouvrir la voie au retour de l'inflation.

1. Voir chapitre 5.

Argent trop cher, la vie n'a plus de prix

Depuis de nombreuses années, on avait feint d'oublier que la hausse des prix pouvait refaire irruption dans le paysage. Pourtant, la voilà bel et bien de retour. Bien sûr, le déclenchement de la guerre en Ukraine, en février 2022, et le choc énergétique qui s'est ensuivi ont joué un rôle dans ce *revival*, mais les conditions structurelles favorables à un coup de chaud sur les prix (coup d'arrêt à l'ouverture des échanges avec les pays émergents, hausse des coûts dans ces pays, amélioration du pouvoir de négociation des salariés, baisse du taux de chômage) étaient déjà bien présentes depuis 2021, et même dès la fin de 2017. La poussée inflationniste a été reportée dans le temps par la crise du Covid mais certains signaux (baisse du taux de chômage, tensions sur le marché du travail, situation d'excès de demande de biens et services en zone euro, remontée du PIB par rapport au PIB potentiel…) auraient tout de même dû alerter les banques centrales dès 2018-2019. D'ailleurs, la Réserve fédérale américaine a mis en place en 2018 un *quantitative tightening* (resserrement quantitatif) et remonté ses taux d'intérêt tandis que la BCE poursuivait une politique monétaire très expansionniste sans se préoccuper plus que cela de l'inflation. Celle-ci a finalement redémarré brutalement au second semestre de 2021, marquant par là une rupture avec la tendance initiée au début des années 1980 (voir graphique 13) dans le sillage de l'ouverture des échanges avec les pays émergents qui a favorisé la substitution d'importations depuis ces pays aux coûts salariaux bas à la production domestique des pays de l'OCDE (sans compter que cette

Graphique 13.
OCDE : inflation et inflation sous-jacente
(inflation (IPC) totale, inflation hors énergie et alimentation, glissement annuel (GA) en %)

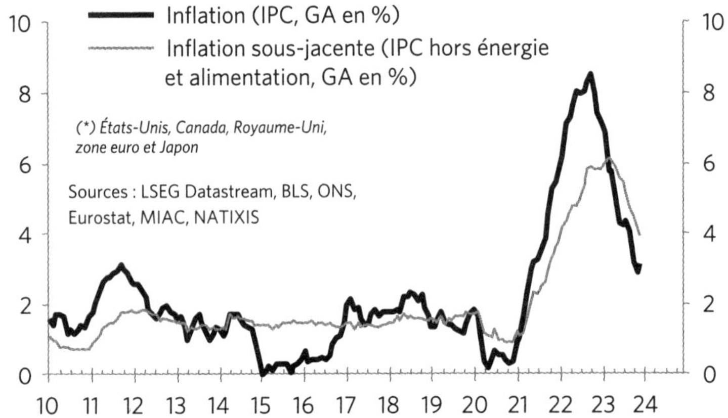

ouverture fait apparaître une contrainte de compétitivité pour les secteurs qui produisent des biens échangés, d'où une pression à la baisse sur les prix dans les pays de l'OCDE).

Dans nos pays, la baisse de l'inflation s'est nourrie aussi du déclin de l'emploi industriel dans l'emploi total, déclin qui a provoqué une sévère perte de pouvoir de négociation des salariés (d'autant que l'emploi dans les services est plus fragmenté que l'emploi industriel) avec une conséquence sur laquelle nous avons désormais un certain recul : la croissance des salaires réels n'a pas suivi, et de loin, celle de la productivité du travail.

Enfin, au fil des années et de la multiplication des crises, la dérive des prix avait été contenue par l'augmentation du taux de chômage. Le retour de l'inflation à partir de 2021 s'explique par l'inversion de ces tendances : coup d'arrêt à l'ouverture des échanges avec les pays émergents où les coûts de production augmentent ; amorce du redressement de l'emploi industriel et augmentation associée du pouvoir de négociation des salariés ; baisse du chômage, freinage de la productivité qui apparaît dans pratiquement tous les pays à partir de 2011.

Autant d'éléments auxquels viennent s'ajouter, cerise sur le gâteau, le renchérissement des prix de l'énergie avec le déclenchement de la guerre en Ukraine et l'amorce de la transition énergétique, elle aussi inflationniste en raison des coûts de l'intermittence de la production d'énergies renouvelables et de l'augmentation de la part de ces énergies dans la production mondiale. Face à tant de vents contraires, les acteurs de la vie économique redoutent que ce retour de l'inflation soit une caractéristique durable de l'économie mondiale, en tout cas que la désinflation soit plus difficile et plus lente que ce qui est parfois anticipé, pour de bonnes ou de moins bonnes raisons, par les gouvernements comme par les marchés. Par ailleurs, le retour de l'inflation n'est pas, comme certains aimeraient le croire, une bonne nouvelle pour la dette, contrairement à ce qui s'est passé dans les années d'après-guerre (voir encadré 4).

Encadré 4.
Le retour de l'inflation est-il une bonne nouvelle pour la dette ?

On entend régulièrement soutenir l'idée selon laquelle l'inflation ne serait pas une si mauvaise affaire dans la mesure où elle nous débarrasserait de la dette, avec en guise d'exemple un scénario de référence, celui de 1945. Entre 1944 et 1953, l'inflation en France a connu un pic de 55 % sur l'année en 1948 avant de tomber à 0 en 1953. Une période inflationniste qui a en effet permis de faire purement et simplement disparaître la dette et d'avoir une très forte augmentation du taux d'investissement : le taux d'investissement total est passé de 15 % en 1946 à 32 % l'an sur la période 1948-1958, une hausse qui n'a nullement fait enfler la dette puisque les taux d'intérêt réels étaient extrêmement négatifs. D'où la morale de la période 1945-1958 : il est possible de financer une très forte hausse de l'investissement privé et public tout en faisant disparaître la dette à condition d'organiser l'euthanasie du rentier, c'est-à-dire de financer cette augmentation par un impôt sur les détenteurs d'obligations.

Aujourd'hui, la situation est tout à fait différente dès lors qu'il existe un consensus des banques centrales pour maintenir leur objectif d'inflation à 2 %. Si l'inflation est de 2 % et si les taux d'intérêt réels sont autour de la croissance réelle, c'est-à-dire en Europe autour de 1 % (ce qui correspond à des taux d'intérêt nominaux de 3 % à long terme), il n'y aura aucun écart entre le taux d'intérêt réel et le taux de croissance réelle et donc aucune réduction du taux d'endettement public induit par l'inflation. Dans une configuration où les taux d'intérêt réels sont supérieurs au taux de croissance de l'économie, la question de la soutenabilité de la dette reste entière. L'inflation peut être une bonne nouvelle pour la dette à condition que les taux d'intérêt nominaux ne suivent pas.

L'inflation, une caractéristique durable de l'économie mondiale

Aux États-Unis comme en zone euro, de nombreuses forces sont, en effet, à l'œuvre contre la désinflation. Citons-en pêle-mêle les principales. D'abord, l'absence quand ce n'est pas le recul des gains de productivité qui implique que les coûts salariaux unitaires augmentent désormais plus vite que les salaires. Ensuite, le maintien d'une forte tension sur le marché du travail liée aux pénuries de main-d'œuvre dans certains secteurs ainsi qu'à l'absence de gains de productivité qui nécessite des créations d'emplois alors même que la croissance du PIB est faible, deux facteurs qui conduisent à des hausses encore soutenues des salaires. Citons aussi, surtout aux États-Unis, la baisse du taux d'épargne des ménages, qui soutient la consommation mais fait aussi flamber les prix. Sans oublier des politiques budgétaires toujours expansionnistes (avec notamment les énormes besoins d'investissements publics associés à la transition écologique, mais pas que…) ou la pénurie de logements disponibles qui entretient une forte hausse des loyers, surtout aux États-Unis. Enfin, un niveau de PIB qui reste élevé par rapport à celui du PIB potentiel déprimé par l'insuffisance de l'investissement des entreprises et la stagnation de la productivité du travail.

Conclusion : l'inflation totale baissera peut-être transitoirement grâce au recul des prix de l'énergie puis de l'alimentation, mais l'inflation hors énergie et alimentation va rester forte, nous en sommes convaincus, puisque de nombreux mécanismes vont continuer à agir dans ce sens. Surtout si les facteurs conjoncturels (le comportement des pays producteurs de pétrole, par exemple) s'en mêlent. Nous ne parlons pas ici d'une hyperinflation, mais on peut raisonnablement penser qu'aux États-Unis comme en zone euro, il sera très difficile de faire revenir l'inflation totale sous la barre des 3 % alors que l'on se situait autour de 2 % aux États-Unis lors de la dernière décennie et de 1 % en zone euro. Difficile de dire quel serait un niveau d'inflation optimal (voir encadré 5) mais si les autorités restent dans le cadre des canons actuels de la politique monétaire et budgétaire, on est obligé de conclure que les taux d'intérêt à long terme seront dans le futur plus élevés que ce qui est anticipé. Le mouvement est déjà amorcé. Aux États-Unis, les taux d'intérêt réels à dix ans qui étaient de – 1 % dans la décennie 2010 ont grimpé à 1,6 % aujourd'hui. En zone euro, ils sont passés de – 2 % à + 0,6 % et, compte tenu des énormes besoins d'investissement, il est probable qu'ils vont encore augmenter, mettant les autorités des différents pays de l'OCDE sous pression.

Encadré 5.
Existe-t-il un taux d'inflation optimal ?

On connaît à peu près les inconvénients attachés à un taux d'inflation trop bas ou au contraire trop élevé. Dans le premier cas, il fait courir le risque d'inefficacité des politiques monétaires (avec le plancher à 0 % pour les taux d'intérêt nominaux) et de déflation (baisse des prix) pour les secteurs qui bénéficient de gains de productivité supérieurs à la moyenne. Dans le second, il fait peser la menace de l'installation d'une boucle prix-salaires et

d'une dépréciation de la monnaie, donc d'hyperinflation. Dès lors, comment définir le taux d'inflation optimal ? Le taux d'inflation optimal est un taux d'inflation qui s'établit sans avoir recours à une politique monétaire très expansionniste ou au contraire très restrictive. Il ne doit pas différer fortement du taux d'inflation spontanée, sauf à mettre en péril la crédibilité de la banque centrale puisque cela suggérerait qu'elle ne réussit pas à ramener l'inflation au voisinage de son objectif.
Concrètement, quand on regarde l'évolution de l'inflation et de l'inflation hors énergie et aliments non transformés dans la zone euro depuis la création de la monnaie unique, on observe que l'inflation spontanée a été voisine de 2 % entre 1999 et 2007, de 1,2 % dans les années 2010 et qu'elle est certainement proche de 3 %, voire légèrement supérieure à ce niveau aujourd'hui.
Conclusion : l'objectif d'inflation doit être ajusté en fonction du niveau d'inflation qui se produit spontanément, ce qui signifie qu'il pouvait être de 2 % entre 1999 et 2007, qu'il aurait dû être ramené autour de 1,2 % de 2010 à 2019 et qu'il devrait être augmenté à 3 % aujourd'hui.

Le poison des taux d'intérêt réels (trop) élevés

Prenons le cas de la zone euro. Faisons l'hypothèse que les taux d'intérêt réels à long terme reviennent au niveau où ils étaient pendant la période 2002-2007, c'est-à-dire nettement plus élevés que de 2013 à 2021. La remontée des taux d'intérêt va pénaliser l'investissement des entreprises puisque leur taux d'endettement en zone euro est élevé (95 % du PIB en valeur). Il faudrait donc s'attendre à une contraction de l'investissement privé pour diminuer ce taux d'endettement. Par ailleurs, un taux d'intérêt réel à long terme au niveau de la croissance de long terme de la zone euro exigerait une baisse des dépenses publiques pour assurer la soutenabilité à long terme de l'endettement public. En résumé, si les taux d'intérêt réels à long terme se stabilisent au niveau actuel, voire au-dessus de ce niveau en zone euro, les investissements de transition énergétique ne pourront être effectués au niveau nécessaire pour atteindre les objectifs fixés par Bruxelles en matière de lutte contre le réchauffement climatique.

Cette équation qui s'impose aux pays de la zone euro pose évidemment le problème de la politique de la Banque centrale européenne. Comment échapper au poison des taux d'intérêt réels (trop) élevés ? Viendra immanquablement le temps où il n'y aura pour les gouvernements et la BCE que trois options possibles : renoncer purement et simplement aux dépenses publiques nécessaires pour la transition énergétique, pour la défense, l'éducation, la santé, afin de gagner coûte que coûte la bataille contre l'inflation ; modifier la politique monétaire pour accepter un supplément d'inflation qui maintiendrait les taux d'intérêt réels à un niveau inférieur au taux de croissance de l'économie, donnant ainsi un bon ballon d'oxygène aux budgets ; ou effectuer les dépenses publiques nécessaires sans toucher à la politique monétaire, ce qui imposerait d'augmenter considérablement la pression fiscale pour financer ces dépenses. De quoi donner plus d'une migraine aux dirigeants des pays occidentaux car ce qui est en jeu c'est ni plus ni moins que la compétitivité de leur économie, la croissance, le bien-être de leurs citoyens, leur rang dans le monde… Avec, selon nous, une épée de Damoclès au-dessus de leur tête : si les politiques monétaires restent bloquées sur l'objectif d'inflation d'hier, structurellement restrictif, la zone euro manquera d'investissements et l'économie européenne s'installera dans un équilibre de croissance nulle voire légèrement négative. Autant dire qu'elle donnera raison aux prévisions les plus pessimistes à l'horizon 2050 : une Europe qui décroche définitivement.

Certains adeptes d'une sobriété à leurs yeux salutaire, fût-ce au prix d'une certaine décroissance, pourraient peut-être s'en réjouir. Pour notre part, nous pensons au contraire qu'il s'agirait là d'une décroissance imposée par une contrainte macroéconomique (l'absence de croissance potentielle) qui empêcherait nos pays de faire les investissements indispensables à la transition écologique alors qu'il faut au contraire orienter l'épargne vers un supplément d'investissement massif pour fonder un nouveau modèle de croissance solide, durable et plus équitable. Cette question de l'inflation qui tend à devenir structurelle et de son traitement va constituer un des enjeux majeurs des prochaines années pour les pays de l'OCDE. Et en particulier pour l'Union européenne, qui nous semble aujourd'hui plus que jamais – si l'on s'en tient à l'extrapolation des tendances actuelles (chapitre 1) – à la croisée des chemins.

C'est la raison pour laquelle, dans les deux derniers chapitres, nous allons concentrer notre propos sur l'avenir de la France et de la zone euro : comment faire en sorte que le continent européen, et singulièrement la France, fasse mentir notre diagnostic ? Pour éclairer cette réflexion, nous aborderons deux questions qui nous paraissent centrales : comment sortir du piège à croissance faible (avec l'exemple de la France) ? Comment imaginer au niveau européen une politique économique, monétaire (la BCE) et budgétaire susceptible de changer la donne ?

CHAPITRE 8

S'extirper du piège à croissance faible

La multiplication des chocs qui se succèdent depuis la crise du Covid a fait basculer la planète dans une ère nouvelle, un contexte où l'affrontement des puissances va plus que jamais dominer l'économie mondiale. Sur ce chemin semé d'embûches, l'Europe est promise à un avenir qui *a priori* n'a rien de radieux. Si l'on s'en tenait aux projections de notre modèle, l'Union européenne ne pèserait plus qu'environ 15 % du PIB mondial à l'horizon 2050 (contre 21,5 % en 2022) quand les États-Unis en représenteraient plus de 35 % (contre 30 % aujourd'hui) et la Chine 23 %. Sans oublier l'Asie du Sud-Est et, à un horizon plus lointain, l'Inde et l'Afrique.

Ce déclin annoncé, les Français l'abordent en gémissant, conscients que la montée brutale des tensions géopolitiques, économiques et commerciales amplifie, pour ce qui concerne l'Hexagone, un décrochage amorcé depuis plusieurs décennies. Avec, en toile de fond, le sentiment largement partagé qu'une économie sans ressort, plombée par la dette, les abandonne lentement mais sûrement aux tourments du déclassement. Bref, une économie à l'instar des grands accidentés de la vie, en urgence absolue. Dans ce chapitre, nous nous concentrerons sur les situations française et européenne, en tentant de proposer, au plan économique, quelques pistes susceptibles de faire mentir le désastre annoncé et d'extirper l'économie tricolore du piège à croissance faible qui semble se refermer sur elle.

Pour inverser la tendance, le traitement de trois grands problèmes structurels nous paraît prioritaire : la faiblesse du taux d'emploi, le recul de la productivité, l'insuffisance des compétences. Car sans redressement significatif sur ces trois fronts (qui d'ailleurs sont intimement liés), la croissance potentielle ne permettra pas de créer suffisamment de richesses, de financer les investissements nécessaires à la transition énergétique, tandis que les finances publiques finiront par se retrouver en grande difficulté et la France dans l'incapacité de tenir son rang[1]. C'est donc en posant un diagnostic sans concession que l'on peut recenser les priorités nécessaires au redressement économique, un mot à la mode auquel il convient de donner rapidement du contenu.

Un taux d'emploi anormalement faible

Première question essentielle pour la vigueur d'une économie dans le long terme, la croissance de l'emploi, autrement dit l'évolution de la population en âge de travailler

1. La France est actuellement au 7e rang mondial pour le PIB derrière les États-Unis, la Chine, le Japon, l'Allemagne, l'Inde et la Grande-Bretagne, et au 24e rang pour le PIB par habitant (en dollars). Source : Banque mondiale.

et du taux d'emploi. Pour ce qui concerne la première, les projections démographiques sont limpides : d'ici à 2050, la zone euro comme le Japon vont connaître un recul continu de la population en âge de travailler quand les États-Unis notamment continueront à afficher une croissance de celle-ci, certes faible mais positive. Quant au taux d'emploi (la proportion de la population en âge de travailler qui a un emploi), il progresse depuis 2014 en zone euro (70 % des 15-64 ans en 2024) mais demeure tout de même en deçà des niveaux atteints par ses grands compétiteurs (80 % au Japon, 75 % au Royaume-Uni, 72,5 % aux États-Unis).

C'est encore plus vrai pour la France où, avec 68 % en 2023 (malgré, il est vrai, un redressement de 3 points depuis 2018), le taux d'emploi est anormalement bas, 10 points en dessous du taux d'emploi allemand ou suédois, par exemple. Dans la compétition internationale, l'économie française fait la course avec un premier boulet au pied car les conséquences d'un taux d'emploi plus faible sont nombreuses : des recettes fiscales moindres, synonymes de pression fiscale plus élevée sur les entreprises (défavorable à… l'emploi), des dépenses publiques insuffisantes dans des domaines majeurs (éducation, santé, R&D), un déficit et une dette publics élevés symptômes d'une fragilité financière plus forte, des inégalités de revenus avant redistributions excessives, sans oublier la dégradation du commerce extérieur (celui-ci a encore frôlé les 100 milliards d'euros en 2023). Or, l'écart en termes de création de richesses est significatif. Si le taux d'emploi de la France remontait au niveau de celui des pays de l'OCDE où il est élevé, notamment le Japon, la Suède et l'Allemagne (voir graphique 14), le niveau du

PIB tricolore augmenterait d'environ 10 % (en tenant compte du fait que les nouveaux emplois créés sont moins productifs que les emplois existants) et le déficit public serait réduit de quelque 5 points de PIB, ce qui créerait des marges de manœuvre pour investir davantage, mais aussi pour affronter le vieillissement démographique, faire reculer la pauvreté et les inégalités grâce aux créations d'emplois et aux transferts... On parle toujours pour la France de dépenses publiques trop élevées ou d'un déficit public excessif, mais pourquoi ne pas insister plutôt sur la faiblesse anormale du taux d'emploi avant de voir le verre à moitié plein : la marge de progression du taux d'emploi, en zone euro, et singulièrement en France, est encore importante.

Graphique 14.
Taux d'emploi des 15-64 ans (en %)

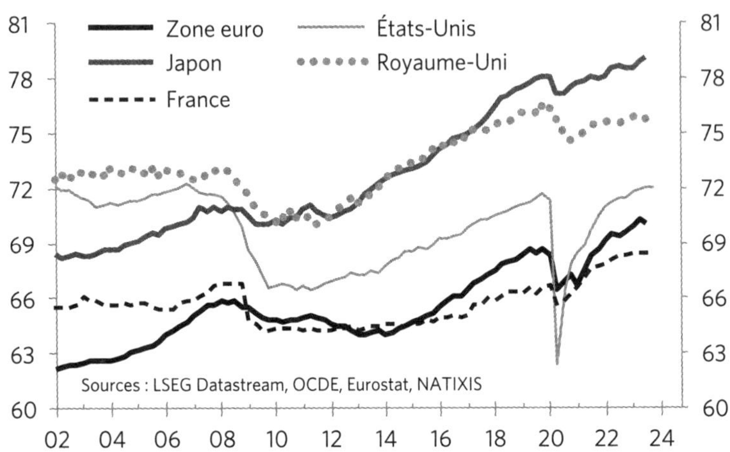

La productivité stagne depuis 2017 en zone euro

Le recul de la productivité en zone euro comme dans l'Hexagone constitue également un énorme sujet de préoccupation pour l'avenir de la croissance potentielle. Deux points de vue s'opposent parmi les experts pour expliquer cette situation. Le premier, que nous qualifierons d'optimiste, privilégie l'explication conjoncturelle. Trois facteurs auraient affaibli la productivité du travail depuis 2020 : un recul de l'activité qui ne s'est pas traduit par des licenciements en raison des difficultés de recrutement perdurant dans de nombreux secteurs ; la baisse du taux de chômage des peu qualifiés ; la multiplication des entreprises zombies maintenues artificiellement en vie par les aides publiques mais destinées à disparaître avec la fin des aides. Le second point de vue, plus pessimiste, avance que la stagnation de la productivité est apparue dès 2017 en zone euro, 2018 en France, et qu'elle est donc antérieure à la crise du Covid. Cette analyse est plutôt fondée sur des facteurs structurels (faiblesse des investissements en nouvelles technologies et des dépenses de recherche et développement, vieillissement démographique…).

Pour tenter de trancher le débat, nous évaluons, en comparant les pays de l'OCDE, la contribution de ces facteurs structurels au ralentissement des gains de productivité en zone euro. Un exercice de corrélation entre le taux d'investissement en nouvelles technologies, le niveau de dépenses en R&D, l'augmentation de l'âge de la population active et les gains de productivité pour 19 pays de l'OCDE sur la période 2002-2022 confirme un lien significatif entre la progression de la productivité du travail et ces quatre variables. De quoi pencher plutôt, hélas, pour l'explication structurelle. D'autant qu'à ces quatre variables, il faut sans doute ajouter une baisse de la durée effective du travail liée à une augmentation de l'absentéisme que l'on observe en moyenne dans les pays de la zone euro. Une évolution de nature sociologique qui pourrait bien durer.

Le cas français particulièrement préoccupant

Sur les deux fronts, taux d'emploi et productivité du travail, le cas français est particulièrement préoccupant. La France est le grand pays de la zone euro où, depuis 2019, la productivité du travail a le plus reculé avec une baisse de 6 % par rapport à son point haut de 2018 (chiffres de l'évolution de la productivité par tête). Certaines explications de ce recul ne doivent pas inquiéter comme le développement rapide de l'apprentissage (il est passé de 250 000 en 2017 à 1 020 000 fin 2023), le retour à l'emploi de salariés peu qualifiés, voire – pour des raisons conjoncturelles – le maintien dans l'entreprise de salariés sous-occupés à court terme dans l'attente d'une reprise d'activité. Ce qui est plus inquiétant, en revanche, c'est la diminution de la durée effective du travail en raison d'une augmentation inédite de l'absentéisme. Selon une étude de Rexecode, la durée annuelle effective du travail est en effet sensiblement plus courte en France que dans la plupart des pays européens avec une moyenne de 1 668 heures travaillées en 2022 (contre 1 792 heures en moyenne en Europe), soit la durée effective la plus faible d'Europe après la Finlande. À titre de comparaison, sur une année, un salarié français à temps complet travaille 65 heures de moins qu'un salarié espagnol, 122 heures de moins qu'un Allemand ou 162 heures de moins qu'un Italien, note l'étude à partir des données d'Eurostat[1]. La tendance n'est pas nouvelle mais l'écart s'est creusé depuis la fin du siècle dernier avec la mise en place des 35 heures (obligatoires à partir de 2002).

Cette durée annuelle effective est le résultat de plusieurs paramètres : la durée hebdomadaire du travail bien sûr, mais aussi les absences pour diverses raisons (arrêts maladie, congés, etc.). La comparaison France/Allemagne est, comme souvent, instructive : la différence de trois semaines par an de chaque côté du Rhin soulignée par l'étude Rexecode/Eurostat s'explique pour un tiers par une durée hebdomadaire du travail plus courte d'une heure en France, pour près d'un tiers par les arrêts maladie (2,1 semaines en France contre 1,2 en Allemagne) et pour le reste par la durée des congés. En outre, l'absentéisme *made in France* se situe, année après année, sur une tendance ascendante : selon l'Observatoire de l'absentéisme d'Axa, près d'un salarié sur deux (44 % exactement) a été absent de son poste en 2022, un record (seul un tiers d'entre eux s'était arrêté au moins une fois en 2019, année de référence pré-Covid[2]). Quant au taux d'absentéisme, il s'est établi à 4,5 %, soit une augmentation de 41 % en trois ans (et même de 50 % chez les moins de 30 ans). Autre tendance préoccupante : si les cadres manquent moins à l'appel que les autres

1. « La durée effective du travail en France et en Europe en 2022 », Rexecode, *Document de travail n° 88*, décembre 2023.
2. *Datascope, l'observatoire de l'absentéisme*, Axa, 4e édition, mai 2023.

salariés (2,3 % de taux d'absentéisme en 2022 pour les premiers contre 5,4 % pour les seconds), l'absentéisme dans cette catégorie est elle aussi en augmentation, de 41 % sur trois ans.

La crise sanitaire, bien sûr, est passée par là. Mais à ce constat conjoncturel viennent s'ajouter des facteurs qui tiennent à l'évolution de la société mise en évidence par de nombreux travaux sociologiques (augmentation du stress lié aux conditions de travail, sentiment de perte de sens, recherche d'un meilleur équilibre vie professionnelle/vie privée, impact des contraintes matérielles diverses comme les horaires décalés…) qui, semble-t-il, sont davantage prégnants dans l'Hexagone que dans les autres pays européens. Bref, on travaille moins en France qu'ailleurs en zone euro (bien que cet écart soit moins significatif si l'on ajoute le travail à temps partiel), et on n'y travaille pas forcément mieux : on a longtemps voulu se rassurer en mettant en avant une meilleure efficacité de l'heure travaillée, mais il semble que cette « compensation » soit moins évidente aujourd'hui.

D'abord le taux d'emploi, puis la productivité…

D'autres facteurs structurels sont également en cause pour expliquer que l'augmentation de productivité du travail en France soit aujourd'hui proche de zéro. On peut citer un taux d'investissement net (hors amortissement du capital) des entreprises françaises de pratiquement 40 % inférieur à celui de leurs homologues américaines depuis dix ans, une R&D insuffisante (2,2 % du PIB en 2022), une part croissante du poids des services dans l'économie au détriment de celui de l'industrie (où la productivité est plus élevée), ou encore le fait que la baisse de la productivité peut être liée à celle du taux de chômage et à l'augmentation du taux d'emploi qui concerne beaucoup plus les salariés peu qualifiés que les salariés qualifiés. Le retour à l'emploi de personnes moins qualifiées – qui est une excellente nouvelle par ailleurs – implique probablement un ralentissement de la productivité (rappelons que le taux de chômage des peu qualifiés est passé de 17 % en 2016 à 10 % aujourd'hui). La relation entre taux d'emploi et productivité mérite d'ailleurs que l'on s'y arrête un instant.

Pour redresser la croissance potentielle de la France, il faut à la fois augmenter le taux d'emploi et les gains de productivité. Il est donc *a priori* naturel que le gouvernement affiche des objectifs ambitieux sur ces deux fronts (trois même si l'on y ajoute la baisse du chômage). C'est là toutefois que la situation se complique car c'est précisément la diminution du chômage et l'augmentation du taux d'emploi qui font baisser la productivité (puisque des personnes moins qualifiées reviennent dans les statistiques de la productivité par tête) ! D'où pratiquement l'impossibilité de courir les deux lièvres (taux d'emploi et gains de productivité) en même temps. Il faut accepter l'idée que tant que l'on travaillera à l'augmentation du taux d'emploi, ce qui est absolument indispensable, les gains de productivité du travail n'augmenteront pas. En revanche, lorsque le taux d'emploi des moins qualifiés sera stabilisé à un niveau plus élevé, les gains de productivité du travail pourront reprendre leur marche en avant… Les deux facteurs sont indispensables au redressement de la croissance potentielle française mais ne s'inscrivent pas dans le même agenda.

Un jeune Français sur deux ignore la date de la Révolution française

Que l'on parle de l'éducation des plus jeunes ou de la formation professionnelle des actifs, on sait depuis longtemps que la France s'est installée dans les profondeurs des classements internationaux, sans que les gouvernements successifs ne parviennent à redresser la barre. Ainsi, une étude Opinion Way réalisée en janvier 2024 auprès des 16 à 24 ans montre que près d'un jeune Français sur deux (46 %) est incapable de dater le début de la Révolution française, 60 % ignorent que le mur de Berlin est tombé en 1989 tandis que moins d'un sur quatre avance la date de 1948 pour la création de l'État d'Israël[1] ! Mais ce qui a encore bien davantage secoué l'opinion publique française récemment, ce sont les derniers résultats de l'enquête PISA, cette enquête phare de l'OCDE réalisée tous les trois ans depuis 2000 qui porte sur le niveau éducatif des enfants[2] (à l'horizon 2050, les enfants de 15 ans testés aujourd'hui par PISA seront alors en pleine vie active).

Pour la grande majorité des pays, les scores décrochent brutalement dans cette étude, témoignant du choc de la pandémie sur l'enseignement. Mais, en France, la tendance est plus marquée que la moyenne, notamment en ce qui concerne les mathématiques et la compréhension de

1. Jules Pecnard, « Sondage : les alarmantes lacunes des jeunes en histoire », étude Opinion Way réalisée auprès de 986 jeunes Français âgés de 16 à 24 ans publiée par *La Tribune Dimanche* le 7 janvier 2024.
2. Cette enquête est conduite tous les trois ans par l'Organisation de coopération et de développement économiques (OCDE). Effectuée avec un an de retard en raison de la pandémie de Covid-19, elle a été menée en 2022 auprès de 690 000 adolescents de 81 pays, dont 8 000 jeunes Français.

l'écrit. En plus de vingt ans d'existence de ce programme international, jamais la France n'avait enregistré une telle chute de ses résultats. Ainsi, le score des adolescents en compréhension de l'écrit a perdu 19 points depuis 2018, 21 points en culture mathématique (le thème majeur de cette édition) pour atteindre son point le plus bas depuis 2000. Soyons clairs : l'économie française ne dispose pas aujourd'hui des compétences nécessaires à l'amélioration de la productivité. Un problème mis en lumière notamment par les pénuries de main-d'œuvre, qui constituent désormais le frein principal à la croissance des entreprises selon de nombreuses enquêtes. On le constate notamment depuis des années dans les résultats de l'enquête PIAAC (Programme d'évaluation des compétences des adultes) de l'OCDE, qui – à l'instar de PISA pour les collégiens – fait référence au plan international[1] : on observe que le niveau des compétences est anormalement faible en France, qui pointe au 21e rang sur 28, très loin derrière les pays du top 5 (Japon, Finlande, Pays-Bas, Suède et Norvège) et même derrière l'Allemagne (14e) et le Royaume-Uni (17e). En Europe, seules l'Italie et l'Espagne font moins bien.

Le niveau d'éducation en mathématiques et en sciences est un point crucial. Les optimistes rappelleront que la France compte 13 médaillés Fields (l'équivalent du prix Nobel en mathématiques) dont le dernier distingué en 2022 et 4 prix Abel (l'autre Nobel des mathématiques), ce qui place l'Hexagone en 2e position des pays lauréats derrière les États-Unis… Le problème est toutefois que l'industrie française ne fonctionne pas avec des médaillés Fields mais avec des ingénieurs et des techniciens et que

1. Même si la dernière publication remonte à 2016.

les uns et les autres se font de plus en plus rares. Investir dans les puces, c'est bien, c'est même indispensable, mais c'est encore mieux si on a les ingénieurs, les techniciens, pour travailler dans les usines de semi-conducteurs… La France diplôme environ 43 000 ingénieurs par an, quand il en faudrait au moins 60 000 et sans doute beaucoup plus si le pays veut vraiment se réindustrialiser et revenir vers la frontière technologique. Sans parler des centaines de milliers de techniciens dont la France a besoin. Une étude effectuée par le CNRS[1] estime que la proportion des emplois salariés dont l'activité principale est en lien avec les mathématiques représente 13 % des postes, soit 3,3 millions de personnes et 18 % du PIB. Si on veut avoir suffisamment d'ingénieurs et de techniciens de qualité dans les entreprises françaises à l'horizon 2050, c'est maintenant qu'il faut agir. Les enfants qui vont entrer en sixième à la rentrée 2024 auront 37 ans en 2050 et seront en situation d'exercer des responsabilités de haut niveau. Notamment dans les secteurs de pointe susceptibles de constituer des relais de croissance. Des secteurs où l'Europe comme la France sont déjà distancées.

Dans l'innovation technologique, l'Europe décroche

La comparaison entre les pays de l'OCDE montre que ceux qui affichent une croissance de la productivité plus forte sont les pays qui ont un niveau d'investissement en

1. *Étude de l'impact économique des mathématiques en France*, Institut national des sciences mathématiques et de leurs interactions – CNRS, Les Assises des mathématiques, 16 septembre 2022.

nouvelles technologies et en recherche et développement élevé. Ainsi, une étude[1] du *think tank* La Fabrique de l'industrie souligne que l'Europe en général et notamment la France sont absentes des podiums internationaux dans le domaine des technologies innovantes, domaine largement dominé par les États-Unis, la Chine, le Japon et la Corée du Sud. Le laboratoire d'idées a analysé les brevets déposés au cours des dernières années par chaque pays dans le cadre de douze domaines technologiques dits « de rupture », dont huit participent à la transition écologique (batteries de voitures électriques, hydrogène pour les transports, acier bas carbone, photovoltaïque, nanoélectronique, ordinateur quantique, éolienne en mer…). La conclusion des deux auteurs est sans appel : « Entre l'Asie et les États-Unis, l'innovation mondiale enjambe l'Europe. » Les pays européens accusent en effet un retard important par rapport aux États-Unis et aux puissances asiatiques. États-Unis, Chine, Japon et Corée du Sud figurent systématiquement parmi les quatre pays qui ont déposé le plus grand nombre de brevets dans les douze technologies examinées. L'Union européenne monte sur la première marche du podium dans quatre spécialités seulement : les éoliennes en mer, le recyclage plastique, l'acier bas carbone et le traitement des métaux rares. Un leadership que l'on doit mettre essentiellement au crédit de l'Allemagne et non de la France, qui « ne joue aucun rôle significatif ». Le bilan est particulièrement sévère pour l'Hexagone, qui n'apparaît « jamais comme un pays leader ou spécialisé » dans aucune des technologies étudiées. « La position de la

1. Sonia Bellit, Vincent Charlet, *L'Innovation de rupture, terrain de jeu exclusif des start-up ? L'industrie française face aux technologies-clés*, La Fabrique de l'industrie, « Les notes de la fabrique », 7 décembre 2023.

France fait davantage penser à une situation de décrochage technologique », ajoutent les deux auteurs, qui considèrent que l'ambition d'une réindustrialisation « semble relever de l'incantation tant la position de la France révèle un retard dans la maîtrise des grandes évolutions ».

En Europe comme en France, l'effort de recherche n'est pas à la hauteur des enjeux. En 2022, les pays de l'UE dans leur ensemble ont dépensé 352 milliards d'euros en R&D, soit 2,22 % du PIB, à comparer aux 710 milliards de dollars des États-Unis (3,46 % du PIB), 620 milliards de la Chine et 172 milliards pour le Japon. Au sein de l'UE, la Belgique est le pays dont les dépenses R&D sont les plus élevées (3,44 % du PIB), devant la Suède (3,4 %), l'Autriche (3,2 %) et l'Allemagne (3,13 %) selon Eurostat. Avec 2,15 % du PIB, la France pointe au 9e rang, légèrement en dessous de la moyenne européenne et à la 17e place mondiale avec des dépenses en recherche et développement qui se situent dans un rapport de 1 à 10 avec les États-Unis[1].

L'effort de recherche est aussi moins performant que par le passé. À peu près tous les experts s'accordent sur ce point : une même dépense de R&D ou un même nombre de chercheurs conduit désormais à un nombre de plus en plus faible d'innovations. Les économistes Philippe Aghion et Céline Antonin estiment par exemple qu'il faut aujourd'hui dix-huit fois plus de chercheurs pour doubler la densité des transistors sur une puce qu'au début des années 1970[2]. Les révolutions technologiques

1. Pour l'Union européenne, il s'agit des chiffres 2022 d'Eurostat. À l'échelle mondiale, des données de l'OCDE portant sur l'année 2021.
2. Philippe Aghion, Céline Antonin, « Les mystères de la productivité », *Le Monde*, 5 janvier 2024.

ont aussi besoin de temps pour se diffuser : au moment où Robert Solow popularisait son « paradoxe », certains commentateurs évoquaient à l'époque le délai nécessaire à l'apprentissage des nouvelles technologies. En sera-t-il de même pour l'IA ? La question demeure ouverte mais il est certain que les humains comme les institutions ont besoin de temps pour s'adapter aux révolutions technologiques.

Ils ont besoin de temps, ils ont aussi besoin d'une philosophie économique adaptée car c'est probablement la combinaison des deux qui détermine en dernier ressort le potentiel de croissance d'un pays. La productivité est en effet le reflet de l'avancée des techniques mais aussi de l'évolution du mode de fonctionnement du capitalisme : gouvernance des entreprises, appropriation des nouvelles technologies, gestion du capital humain, organisation du système financier… Et, de ce point de vue, il est incontestable que la philosophie américaine qui fait de l'investissement dans les nouvelles technologies et la R&D une priorité absolue tranche avec une conception européenne fondée sur le primat de la norme, du droit de la concurrence et surtout sur une approche de politique économique radicalement différente.

Aux États-Unis, celle-ci prend en compte le fait que si l'investissement en nouvelles technologies et les dépenses de R&D sont élevés, le supplément de croissance obtenu permettra à terme de réduire le déficit public, qui ne sera que transitoire. En zone euro, la politique budgétaire doit respecter des règles qui réduisent le montant disponible pour financer des investissements en nouvelles technologies et des dépenses de R&D (voir graphiques 15 et 16). Cette préférence des gouvernements européens pour des déficits publics faibles et des excédents extérieurs pénalise à l'évidence la croissance et, pire encore, fabrique un cercle vicieux de croissance faible en décourageant les investisseurs non résidents, ce qui réduit encore les financements disponibles pour investir dans la croissance. Dans un récent rapport[1], Cyrille Dalmont, directeur de recherche à l'Institut Thomas More, insiste sur un résultat qui se passe de commentaire : le secteur numérique européen ne compte aucune entreprise dans le top 20 mondial. Que ce soit dans le *hardware* (matériels), le *software* (logiciels), le *cloud*, les *data centers*, les systèmes d'exploitation, les satellites, les smartphones et autres objets connectés, sans oublier l'IA, l'industrie européenne fait de la figuration et si Bruxelles commence tout juste à réagir, c'est trop peu et trop tard, estime l'auteur.

Graphique 15.
Investissement NTIC, y compris logiciels (en % du PIB en valeur)

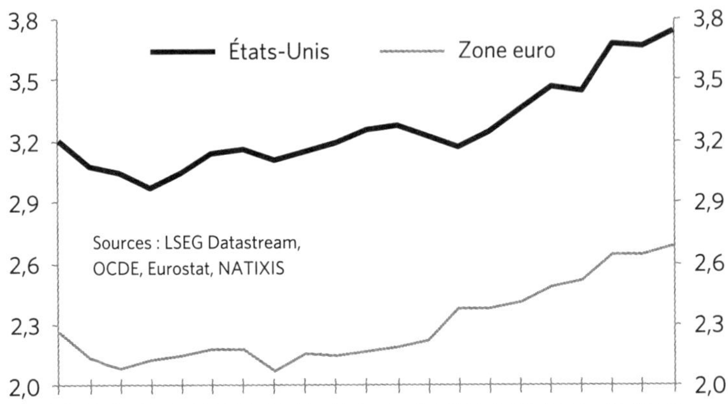

1. Cyrille Dalmont, « La stratégie énergétique européenne aura-t-elle raison de l'écosystème numérique européen ? », *Rapport n° 29*, Institut Thomas More, 24 janvier 2024 (https://institut-thomas-more.org/2024/01/25/33004/).

Graphique 16.
Dépenses totales de R&D (en % du PIB en valeur)

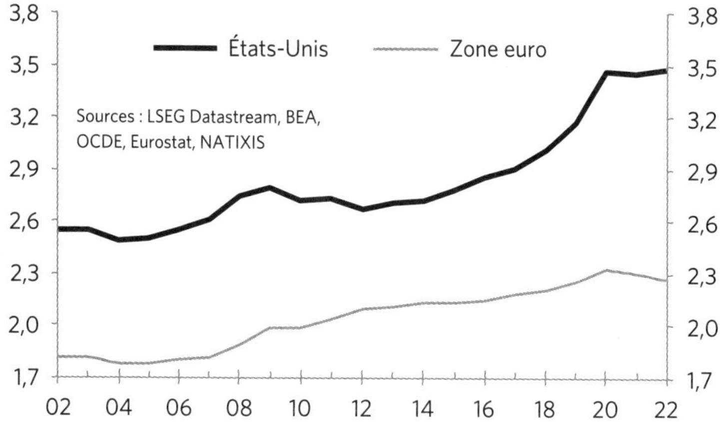

En 2024, la France devra emprunter 280 milliards d'euros

Pour toutes les raisons évoquées, et sans doute pour quelques autres encore, il ne sera pas facile à l'Europe en général et à la France en particulier de s'extirper du piège à croissance faible. Et pourtant, le niveau atteint par la croissance potentielle dans le futur va conditionner la réalisation de deux objectifs essentiels pour l'avenir : d'une part, de disposer de suffisamment de revenus et d'épargne pour financer les investissements nécessaires à la transition énergétique, et plus généralement tous les investissements précisément indispensables à la croissance (éducation, santé, réindustrialisation…), et, d'autre part, de générer suffisamment de revenus pour éviter une crise de soutenabilité des dettes publiques.

La faiblesse de la croissance potentielle nous fait en effet courir le risque de ne pouvoir faire face à la pression du déficit et à la charge de la dette. Prenons le cas de la France. Son taux d'endettement public est passé de 14,5 % du PIB en 1974 à 112 % (111,7 % exactement) au 2e et au 3e trimestre 2023. Une envolée qui est allée de pair avec celle des déficits publics puisque le budget de l'État n'a pas été une seule fois à l'équilibre en près de cinquante ans ! En 2024, la France va devoir emprunter 280 milliards d'euros, un niveau jamais atteint auparavant.

La bataille de la croissance est vitale et il est indéniable qu'elle doit être la priorité absolue des Européens. En ce qui concerne la France, il faut pour conclure évoquer quelques signaux faibles encourageants : notre pays crée à nouveau des emplois industriels tandis qu'une politique industrielle dans les secteurs porteurs d'avenir semble se dessiner (énergies renouvelables, hydrogène vert, voitures et batteries électriques, médicament, spatial, sécurisation de l'accès aux matières premières et aux composants stratégiques) avec la mobilisation d'argent public (France 2030 et ses 54 milliards d'euros). L'investissement des entreprises se redresse, l'Hexagone attire les investissements directs étrangers, la *French tech* est dynamique (les levées de fonds des start-up technologiques sont passées de 5 milliards d'euros en 2019 à 11,6 milliards en 2022 et le nombre de licornes de 29 fin 2021 à 40 fin 2022), les dépenses de R&D et la robotisation frémissent, l'épargne est abondante mais doit être utilisée de manière plus efficace, ce qui suppose, de la part des épargnants, une évolution culturelle en faveur d'une prise de risque plus importante au profit notamment des entreprises de la transition énergétique ou technologique.

La tendance, timide, peut-elle vraiment se confirmer ? Nous avons exploré les pistes à emprunter pour redresser la barre de la croissance avant qu'il ne soit trop tard. En France en particulier. En insistant sur trois enjeux : traiter le problème de la souffrance au travail qui fabrique de l'absentéisme et le recul de la productivité, investir davantage dans les nouvelles technologies et la R&D et travailler en profondeur sur l'éducation. Beaucoup dépendra aussi de l'environnement européen, autrement dit de la politique économique (monétaire et budgétaire) qui, dans les prochaines années, servira de cadre au redressement national. Il faut maintenant s'arrêter sur la politique économique menée par Bruxelles et Francfort (budgétaire et monétaire), indissociable des efforts de réarmement économique nécessaires si l'Union européenne veut forcer le destin, faire mentir la tendance spontanée (un effacement comme acteur majeur de l'économie mondiale) et tenir son rang parmi les grandes puissances économiques à l'horizon 2050.

CHAPITRE 9

La politique économique européenne, plutôt disruptive que morte !

Le 1er janvier 2025, à l'issue de deux grandes années d'âpres négociations, les pays de l'Union européenne vont renouer avec les règles du Pacte de stabilité et de croissance mises entre parenthèses avec l'épidémie de Covid-19 puis la guerre en Ukraine et le choc énergétique. Ce « nouveau cadre de gouvernance économique », selon les mots de Nadia Calvino, la ministre espagnole de l'Économie dont le pays présidait aux destinées de l'Union européenne au moment de l'accord, est censé offrir une plus grande flexibilité aux États membres pour revenir dans les clous en cas de dépassement, mais sans toucher aux totems du pacte qui limitent en théorie pour chaque pays le déficit des administrations publiques à 3 % et la dette à 60 % du PIB.

Si la négociation n'est pas encore bouclée sur les détails de cette « flexibilité » chèrement négociée par certains

États membres[1], il est déjà permis d'affirmer qu'à court terme il s'agit du pire moment pour mettre en place des mesures d'austérité alors que la Banque centrale européenne (BCE) mène une politique monétaire plutôt restrictive et que l'activité économique est fragile, ce qui est exactement la situation de l'Union européenne en 2024 après une croissance de 0,6 % seulement en 2023. Surtout, à plus long terme, il nous paraît essentiel de se demander si cette politique – associée à la politique monétaire actuelle – est de nature à permettre à l'économie de l'UE de réagir afin de ne pas décrocher définitivement, notamment face aux puissances économiques américaine et chinoise.

Une politique monétaire inefficace…

La politique monétaire tout d'abord… On connaît la mission traditionnelle de toute banque centrale : ramener l'inflation aussi rapidement que possible au niveau de son objectif, en l'occurrence 2 % pour la BCE, en utilisant la quantité de monnaie en circulation et/ou le niveau des taux d'intérêt. C'est l'objectif affiché encore aujourd'hui par Francfort, ce qui, compte tenu du niveau présent de l'inflation et de l'inflation sous-jacente (hors énergie et aliments non transformés), impose et risque d'imposer une politique monétaire durablement restrictive afin de revenir sur la trace des 2 %. Jusqu'à présent, la politique mise en œuvre par la BCE afin de juguler la dérive des prix a-t-elle été couronnée de succès ?

1. Lorsque nous écrivons ce texte au début février 2024.

C'est en juillet 2022, et alors que l'inflation totale approchait les 9 % en zone euro et l'inflation hors énergie et aliments non transformés les 5,5 %, que Francfort s'est décidé à augmenter pour la première fois, et prudemment, ses taux directeurs (en passant le taux Repo à 0,5 %). La BCE le fait à un moment, l'été 2022, où l'inflation n'est déjà plus une inflation liée à l'augmentation des prix de l'énergie et des matières premières alimentaires, mais est déjà devenue une inflation salariale (la hausse des salaires nominaux atteint 4 % dans la zone euro). Pour quels résultats ? La simple observation des chiffres pourrait laisser croire que la BCE a complètement vaincu l'inflation. Pour l'ensemble des biens et services, celle-ci est en effet passée de 10,1 % en novembre 2022 à 5,5 % en juin 2023, puis à 4,3 % en septembre et à 2,6 % en février 2024. Autrement dit, à un niveau proche de son objectif de 2 % avec un coût économique mesuré. La croissance 2023 est à peu près nulle mais le taux de chômage reste très faible (6,5 %, soit une augmentation de seulement 0,1 % par rapport à son point bas). Une analyse plus approfondie incite toutefois à la prudence. Le maintien d'un taux de chômage très bas résulte du recul de la productivité du travail, qui a baissé de 1 % sur un an, d'où le fait que même avec une croissance nulle, l'emploi dans la zone euro a continué à progresser. Mais surtout le fait que l'inflation soit sous contrôle pourrait bien se révéler faux assez rapidement.

D'une part, il faut corriger l'inflation des effets de base qui affectent les prix des matières premières. Sur un an, les prix de l'énergie dans la zone euro ont baissé de 6,7 %, ce qui, avec un poids de l'énergie dans l'indice des prix de 10,2 %, réduit l'inflation de 0,7 point. En particulier, les prix des matières premières industrielles ont baissé de 6 %, ce qui explique largement le ralentissement des prix des biens industriels (hors énergie), de 6,1 % sur un an en novembre 2022 à 2,5 % sur un an en décembre 2023. Le problème est que ces effets de base qui réduisent l'inflation (aussi bien l'inflation totale, avec la baisse des prix de l'énergie, que l'inflation sous-jacente, avec le ralentissement des prix à la consommation de produits industriels) vont disparaître au cours de l'année 2024. La baisse des prix de l'énergie et de ceux des matières premières industrielles a eu lieu entre l'été 2022 et la fin de 2023. Quand on calculera l'inflation sur un an à partir du 2e semestre 2024, cette baisse n'apparaîtra plus, et la disparition des effets de base sur les prix des matières premières fera remonter l'inflation, probablement autour de 3,5 %.

Le deuxième facteur qui doit pousser à conclure que l'inflation n'est pas sous contrôle dans la zone euro est l'évolution des salaires et des coûts salariaux unitaires (les salaires corrigés des gains de productivité). L'absence de gains de productivité conduit en effet au maintien d'un taux de chômage très bas et d'une forte tension sur le marché du travail. D'où l'accélération de l'augmentation des salaires par tête, passée de 4,5 % par an au début de 2023 à près de 5,5 % par an à la fin de 2023. Quand on tient compte du recul de la productivité du travail, on voit que les coûts salariaux unitaires progressent, passant de + 5,5 % sur un an au début de 2023 à + 6,5 % à la fin de l'année 2023. L'inflation salariale est donc très forte et en accélération dans la zone euro. Lorsqu'on corrige les chiffres de l'inflation des effets liés à la baisse (transitoire) des prix des matières premières ou lorsqu'on tient compte des hausses des coûts salariaux unitaires, on voit que l'inflation est restée très forte et devrait le rester en 2024 car de nombreux facteurs inflationnistes demeurent bien présents (hausses rapides des salaires, recul de la productivité du travail, excès de demande de biens, difficultés de recrutement, fortes tensions sur le marché du travail).

La stratégie de la BCE n'a eu en réalité que des conséquences défavorables. Elle a pesé sur l'activité sans obtenir pour autant de résultat décisif sur l'inflation. Sans compter que Francfort y a perdu un peu de sa crédibilité. Une banque centrale bénéficie en effet de l'« ancrage » des anticipations d'inflation autour de son objectif (en zone euro 2 %) même si à court terme l'inflation dépasse l'objectif cible. En zone euro, on observe au contraire que l'inflation anticipée à moyen terme ne cesse d'augmenter : 1,2 % au début de 2022, 2,2 % au début de 2023, 2,25 % au début de 2024.

Une anticipation logique. Plusieurs éléments structurels laissent en effet à penser que le taux d'inflation annuel moyen pourrait être plus élevé qu'au début des années 2000 (rappelons que l'inflation moyenne entre 2002 et 2007 était de 2,2 %). D'abord, l'intermittence de la production des énergies renouvelables exige, on l'a vu, de disposer de capacités de production d'électricité et de capacités de stockage de l'énergie qui supposent des coûts très importants. Ensuite, la volonté de relocalisation industrielle dans la zone euro augmentera inévitablement des coûts de production, qui représentent souvent environ le double de ceux qui sont en vigueur dans les pays émergents. Enfin, le vieillissement démographique et la faiblesse des gains de productivité vont pérenniser les tensions observées actuellement sur le marché du travail. Si la perspective d'une inflation durablement supérieure à 2 %, voire aux alentours de 3 %, se confirmait dans un contexte de quasi-absence de croissance, il faudrait en conclure que la stratégie adoptée par la BCE ne sert pas le combat contre l'inflation et accélère le déclin économique de l'Union européenne.

... et une politique budgétaire conservatrice

La politique budgétaire ensuite... Deuxième volet de la politique économique de l'UE, Bruxelles a décidé le retour au « conservatisme » budgétaire avec un déficit public inférieur à 3 % du produit intérieur brut (PIB) et un taux d'endettement public qui doit diminuer progressivement. Le déficit public de l'ensemble de la zone euro est revenu à 3,2 % du PIB en 2023 (2,8 % en 2024) et il est prévu qu'il descende à 2,9 % en 2024. Une politique budgétaire qui tranche avec celle pratiquée aux États-Unis.

Un rapide coup d'œil de l'autre côté de l'Atlantique laisse en effet entrevoir un tout autre paysage. Aux États-Unis, le déficit budgétaire n'a entamé aucune cure d'amaigrissement, il se creuse au contraire puisqu'il est prévu qu'il atteigne 7 % du PIB en 2024 après 5,4 % en 2022 et 6,7 % en 2023 (l'année fiscale va d'octobre à septembre) (voir graphique 17). Dans l'esprit de l'administration américaine, il s'agit notamment de financer les politiques de soutien de l'investissement des entreprises, nationales comme étrangères, sur le territoire ainsi que les dépenses de soutien à la guerre en Ukraine. Aux États-Unis, où le

Graphique 17.
Déficit public (en % du PIB en valeur)

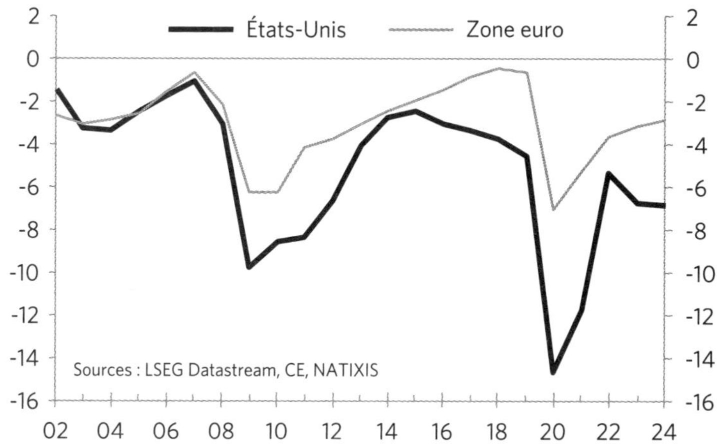

déficit public a été supérieur à 4 % du PIB depuis 2018 et a atteint en moyenne 7,9 % entre 2018 et 2023, le conservatisme budgétaire n'est toujours pas à l'ordre du jour. Évidemment, ce qui attire l'attention, c'est la divergence entre les approches européenne et américaine, une divergence qui risque de peser lourd dans la balance lorsqu'il s'agira de faire les comptes et de comparer les résultats obtenus – notamment sur le front du financement et de la réalisation de la transition écologique. D'où la question qui vient immédiatement à l'esprit : pourquoi une telle divergence d'approche et – corollaire – une politique budgétaire très expansionniste, comme celle pratiquée aux États-Unis, est-elle (ir)réalisable en Europe ?

Pour commencer, il faut rappeler une vérité économique de base : la limite aux déficits publics correspond à la quantité d'épargne disponible pour les financer, que celle-ci soit d'origine domestique ou en provenance du reste du monde. Or les flux de capitaux de non-résidents vers les États-Unis (titres publics, titres d'entreprises, actions, investissements directs) atteignent en moyenne 6 % du PIB. L'Amérique peut donc, grâce à ces entrées de capitaux, financer un déficit extérieur équivalent quand celui-ci n'est que de 3,5 % actuellement. Elle dispose donc d'une marge de manœuvre qui lui permettrait d'accroître déficit extérieur et déficit public. Et comme l'utilisation des déficits publics pour réduire le coût des investissements augmente leur attractivité, le cercle est naturellement vertueux !

L'Europe présente un tout autre profil. L'obstacle à la mise en place d'un déficit public très élevé est précisément le déficit de la balance courante associé à ce déficit. Même si un déficit public est très important, dès lors que les entrées de capitaux à long terme (investissements directs et achats d'obligations du Trésor, d'obligations du secteur privé, d'actions par les non-résidents) financent le déficit de la balance courante, aucune insuffisance de financement du déficit public n'apparaît et celui-ci ne déclenche aucune forte hausse des taux d'intérêt à long terme ou, pire encore, une crise de la balance des paiements. Or, en zone euro, l'insuffisance des entrées de capitaux à long terme limite les possibilités de déficit de la balance courante. Avec des entrées de capitaux de non-résidents pratiquement nulles en moyenne et une balance courante qui affiche un excédent de 2,8 % de PIB, les marges de manœuvre du Vieux Continent pour accroître parallèlement déficit extérieur et déficit public sont beaucoup plus faibles que celles des États-Unis. Autrement dit, la zone euro ne peut pas mener la même politique budgétaire que les États-Unis parce que ses dettes publiques sont moins attrayantes pour les investisseurs internationaux que la dette publique américaine et/ou parce que les finances publiques de certains États membres ne sont pas suffisamment solides, avec le risque d'une crise de la dette publique si leur déficit public était au même niveau que celui des États-Unis. C'est la première explication de la politique budgétaire restrictive menée en zone euro.

Une seconde explication suggère que, pour des raisons institutionnelles (règles budgétaires), la zone euro s'impose de ne pas déroger à ses règles, même lorsqu'il s'agit de financer des investissements publics aussi nécessaires qu'exceptionnels et d'aider les entreprises à investir davantage. D'où le retour, à partir de janvier 2025, aux règles fondamentales du Pacte : le déficit public doit redevenir, à un horizon raisonnable, inférieur à 3 % du PIB et le taux d'endettement public (91 % du PIB en 2023) doit diminuer.

Pour conclure, on peut donc dire que, en zone euro, le maintien d'une politique budgétaire restrictive relève à la fois du choix et de la nécessité. Mais il est ici important d'ajouter que si les pays de la zone euro faisaient preuve de davantage de solidarité budgétaire ou émettaient davantage de dette en commun (ce que le président de la République, Emmanuel Macron, a d'ailleurs suggéré en janvier dernier lors de son intervention au Forum de Davos), les marges de manœuvre budgétaires de la zone euro en seraient sensiblement accrues. En effet, si l'Union européenne développait ses émissions obligataires (quelque 40 milliards d'euros seulement en moyenne par trimestre en 2023), elle deviendrait plus attrayante pour les capitaux internationaux et pourrait financer un déficit public plus important sans faire passer les déficits des pays au-dessus des 3 %.

On voit que, dans l'état actuel de l'art, la politique économique de la zone euro (monnaie, budget) est restrictive. Si elle reste dans ses clous, notamment si Bruxelles souhaite revenir le plus rapidement possible aux critères de Maastricht, certains pays de la zone euro devront – compte tenu de l'augmentation des paiements d'intérêts sur les dettes publiques avec la hausse des taux d'intérêt à long terme – réduire leur déficit primaire (c'est-à-dire le déficit hors intérêt sur la dette) donc diminuer leurs dépenses publiques ou augmenter la pression fiscale dans des proportions tout à fait déraisonnables alors que les besoins d'investissements publics (en particulier pour la transition énergétique) et de dépenses publiques (dépenses d'éducation, de santé, dépenses militaires, de R&D...) sont excessivement élevés. Par rapport au niveau du déficit primaire attendu pour 2023, le respect d'une telle exigence représenterait une baisse de ce déficit (donc une baisse des dépenses publiques ou une augmentation de la pression fiscale) de 0,1 point de PIB en Allemagne, 2,3 points en Italie, 2,8 en Espagne et 3,3 points de PIB en France[1].

Mettre en œuvre une sorte d'« économie de guerre »

Revenons à l'essentiel, c'est-à-dire aux objectifs prioritaires de la politique économique de la zone euro. Ils sont au nombre de quatre : effectuer les investissements

1. Pour le détail des calculs, voir Patrick Artus, « L'effort budgétaire correspondant au retour aux règles usuelles de l'Union européenne est impossible à réaliser », *Flash Économie Natixis n° 168* du 22 mars 2023.

nécessaires à la transition énergétique, stabiliser et même réduire le taux d'endettement public afin d'éviter une crise financière, revenir à un niveau d'inflation de 2 %, l'objectif de la BCE, et – dans beaucoup de pays, notamment en France, et en moyenne dans la zone euro – faire progresser le taux d'emploi pour faire monter le niveau du PIB potentiel et dégager des marges de manœuvre budgétaires pour réaliser le supplément d'investissements nécessaire. Ces objectifs sont considérés comme d'importance équivalente par les gouvernements comme par la Commission européenne et la BCE. Et pourtant…

Il nous semble qu'à situation exceptionnelle, stratégie exceptionnelle ! Le nouveau cycle dans lequel est entrée l'économie mondiale, avec les impératifs associés à la lutte contre le réchauffement climatique, les difficultés à « réarmer » nos économies pour mieux créer des richesses et des emplois, exige de sortir de l'approche conventionnelle, pour ne pas dire conservatrice, et d'adopter une approche plus offensive, qui assume de hiérarchiser ses objectifs afin de préparer l'avenir.

Selon nous, la lutte contre le réchauffement climatique et le respect de l'objectif de neutralité carbone en 2050 est, ici et maintenant, l'objectif le plus important d'une politique économique car le coût économique mais aussi politique et social de son non-respect (désordres climatiques, sécheresses, migrations, etc.) serait considérable. D'autant qu'à la lutte contre le réchauffement, il faut ajouter les investissements structurels indispensables au maintien de l'économie européenne dans la compétition mondiale (éducation, santé, R&D…), investissements qui, grâce à la hausse du taux d'emploi, seraient de nature à accroître les marges de manœuvre budgétaires.

Rappelons-le : si la France avait seulement le taux d'emploi de l'Allemagne, ses recettes fiscales seraient supérieures de 6 points de PIB à ce qu'elles sont aujourd'hui. À cet objectif prioritaire, nous ajouterons un codicille afin de tenir compte de la fragilité financière de certains États membres : la nécessité de stabiliser voire de faire légèrement baisser les taux d'endettement public pour éviter une crise de la dette comparable à celle de la zone euro dans le passé.

Dans ce quatuor, on l'aura compris, il nous semble clairement que le moins important des quatre objectifs de politique économique est le retour à une inflation de 2 % car si on donne priorité aux nécessaires investissements de transition, il faudra, d'une part, accepter une inflation plus forte sans réagir par une hausse des taux d'intérêt à long terme (rouvrir le *quantitative easing*) ; d'autre part, un déficit public plus élevé que 3 % dans la mesure où l'augmentation du taux d'endettement public sera contenue par la présence de taux d'intérêt réels à long terme négatifs. Si la politique monétaire est expansionniste avec des taux d'intérêt bas et une inflation supérieure à 2 %, il est en effet possible de gérer un déficit public supérieur à 3 % sans faire monter le taux d'endettement public. C'est ce que l'Europe a fait de 1945 à 1959 et les États-Unis de 1945 à 1950.

Une telle politique économique s'apparenterait, en tout cas dans l'esprit, à une sorte d'« économie de guerre », en ceci que l'économie de guerre a comme seul et unique objectif de consacrer autant de ressources que nécessaire aux investissements (armements dans le cas d'une économie de guerre « traditionnelle », investissements destinés à réussir la transition énergétique et plus généralement à restaurer une croissance potentielle durable dans le cas de la zone euro).

Résumons-nous. Dans une « économie de guerre », les objectifs habituels des politiques économiques sont (provisoirement) abandonnés au profit d'un objectif et d'un seul : permettre le financement des dépenses de guerre (ici, espérons-le, de guerre… économique). Concrètement, sa mise en œuvre suppose un certain nombre de décisions : mobiliser une épargne forcée (emprunts obligatoires) si l'épargne spontanée est insuffisante pour financer les dépenses et les investissements nécessaires ; maintenir un niveau de taux d'intérêt réels négatifs en autorisant une inflation plus forte tout en maintenant des taux d'intérêt réels à un niveau bas (politique monétaire expansionniste, *quantitative easing*) ; tolérer des déficits publics élevés qui ne font pas monter le taux d'endettement public grâce à la présence de taux d'intérêt réels négatifs (comme cela a été le cas en zone euro en 2021 et 2022) ; et enfin mettre en œuvre des politiques spécifiques de lutte contre les inégalités pour éviter que le poids de cette politique économique ne pèse trop sur les ménages les plus modestes mais soit au contraire supporté surtout par les ménages aisés.

Le choix de l'économie de guerre suppose donc *a contrario* une mise entre parenthèses des règles budgétaires et des statuts actuels de la BCE. Est-ce du domaine du possible ? La BCE peut-elle accepter de revoir son objectif ? La question, il est vrai, est inédite.

L'Europe a besoin d'une politique monétaire expansionniste !

De la création de l'euro en 1999 jusqu'à la crise des *subprimes* (2008-2009), l'objectif d'inflation à 2 % n'a jamais posé de problème. Au début des périodes d'expansion, la hausse des prix était sous contrôle et la politique monétaire expansionniste. Puis, avec l'expansion et la baisse du chômage, l'inflation passait au-dessus des 2 % et la politique monétaire devenait restrictive pour freiner l'une et l'autre.

C'est à partir de la crise des *subprimes* et jusqu'à celle du Covid, en 2020 donc, que l'objectif de la BCE a commencé à poser problème. Avec la faible augmentation des salaires associée à des prix des matières premières plutôt bas, l'inflation est descendue spontanément, et sensiblement, sous la barre des 2 %, et ce malgré une politique monétaire très expansionniste (taux d'intérêt à court terme en baisse progressive jusqu'en 2020 ; *quantitative easing*, à partir de 2015). En moyenne, elle n'a pas dépassé 1 % sur la période. Du coup, la BCE a tenté de ramener coûte que coûte l'inflation sur la trace des 2 %, au prix de nombreux déséquilibres : apparition de bulles sur les prix d'actifs et incitation au surendettement des États. Déjà, on observe que le maintien d'un objectif d'inflation à 2 % alors que, spontanément, celle-ci était plus faible pose problème. Il risque d'en poser encore dans l'avenir avec, cette fois, une inflation systématiquement supérieure à l'objectif de la banque centrale. Il est en effet raisonnable, pour les raisons évoquées plus haut, d'anticiper une inflation structurellement supérieure à 2 % dans le futur en zone euro.

Or la rencontre entre un objectif historique d'inflation à 2 % et une inflation spontanément supérieure obligera la banque centrale à maintenir des taux d'intérêt réels toujours élevés (c'est la méthode Volcker[1]), y compris en début de cycle économique, et une telle stratégie promet d'affaiblir durablement la croissance, de compromettre la réalisation des investissements indispensables et d'imposer aux pays de la zone euro de mener des politiques budgétaires restrictives. Autrement dit, dans une telle configuration, la politique monétaire de la BCE ne servira pas le combat contre l'inflation (d'autant qu'il n'est pas évident que le niveau d'inflation dépende principalement de la politique monétaire) mais accélérera le déclin européen. Il est à craindre en effet que la transformation du capitalisme mondial (fragmentation et introduction d'une certaine viscosité dans les échanges), et la transition énergétique en particulier, qui sont inflationnistes, rendent l'objectif de 2 % obsolète. Moralité : l'Europe n'a pas besoin d'une politique monétaire restrictive mais d'une politique monétaire expansionniste !

Un des arguments du conseil des gouverneurs de la BCE, Banque de France en tête, pour justifier la poursuite de l'orthodoxie monétaire est qu'en revoyant son objectif, l'institution compromettrait sa crédibilité (sa capacité à maintenir les anticipations d'inflation ancrées à 2 % quels que soient les chocs subis à court terme). Pour le moment en effet, cette crédibilité ne semble pas entamée. Le niveau des swaps d'inflation à dix ans (produits

---

1. Économiste et président de la Banque centrale américaine (FED) de 1979 à 1987, Paul Volcker est connu pour avoir mis en œuvre une thérapie de choc contre la hausse des prix aux États-Unis et fait de la lutte contre l'inflation le cadre idéologique et structurel dominant de la conduite de la politique monétaire.

dérivés qui permettent de se protéger de l'inflation) évolue autour de 2,25 %. Toutefois, nous pensons qu'il faudra ouvrir un jour la discussion sur la révision à la hausse de l'objectif d'inflation des banques centrales.

Cette analyse nous conduit à un petit exercice de style : quelles marges de manœuvre budgétaires supplémentaires la zone euro se donnerait-elle si l'objectif d'inflation était porté de 2 à 3 % ?

Nous partons des hypothèses suivantes : l'objectif d'inflation de la BCE est relevé de 2 à 3 % et l'inflation spontanée, hors effets de la politique monétaire, atteint 2,8 %. Pourquoi 2,8 % ? Le chiffre évidemment n'a rien de scientifique, mais résulte du fait qu'il nous paraît raisonnable de penser que l'inflation spontanée moyenne sera plus élevée dans le futur en raison des coûts associés à la transition énergétique, des hausses de prix liées aux relocalisations et de la tension sur le marché du travail due à l'absence de gains de productivité. Or, depuis la création de l'euro et jusqu'à 2023, elle a atteint en moyenne 2,07 % (2,16 % sur la période 2002-2007), et en examinant les évolutions passées, un calcul économétrique permet d'estimer que cette hausse de l'objectif d'inflation de 2 à 3 % pour une inflation spontanée de 2,8 % permettrait de réduire le taux d'intérêt à court terme de 250 points de base et le taux d'intérêt réel à long terme de 200 points de base[1]. Une baisse du taux d'intérêt réel à long terme qui permettrait, compte tenu du taux d'endettement public de la zone euro, d'accroître le déficit public de 1,9 point de PIB sans faire monter ce taux d'endettement.

1. Pour le détail des calculs, voir Patrick Artus, « Quelles marges de manœuvre budgétaires supplémentaires dans la zone euro si l'objectif d'inflation est porté à 3 % ? », *Flash Économie Natixis n° 479* du 14 août 2023.

Rétablir la mobilité des capitaux entre les pays de la zone euro

Si l'urgence est de s'extirper du piège à croissance faible dans lequel la zone euro est tombée, il est nécessaire de reconfigurer ses objectifs de politique économique, budgétaire et monétaire. Sur le plan budgétaire, il faudrait questionner la pertinence des règles qui président à la politique budgétaire de l'Union européenne, qui nous paraissent fondées sur des a priori théoriques qui ne sont pas forcément confirmés par les faits (voir encadré 6). Sur le plan monétaire, il s'agit d'adapter la politique de la banque centrale à l'environnement plus inflationniste qui s'annonce, c'est-à-dire accroître l'objectif d'inflation pour qu'il soit, en moyenne sur le cycle économique, proche de l'inflation spontanée, afin de retrouver ainsi le rythme des débuts de l'euro avec une politique monétaire qui évolue en fonction du cycle. Cette approche tiendrait compte de l'évolution de l'inflation structurelle moyenne, laquelle dépend d'un certain nombre de facteurs, notamment du fonctionnement du marché du travail et de la démographie, des gains de productivité, de la rareté des matières premières, etc. Manière de considérer que la politique monétaire n'est pas faite pour faire de la régulation conjoncturelle mais pour orienter structurellement l'économie dans un sens plus favorable à la croissance et à l'emploi (Friedman plutôt que Volcker). Cette politique économique de combat pour la zone euro a toutefois un coût, notamment pour les ménages modestes, et devrait être accompagnée par des politiques redistributives puissantes et adaptées (taxation de la fortune, par exemple) destinées notamment à stabiliser les prix d'actifs et à compenser le rendement trop bas de l'épargne.

Encadré 6.
Réécrire le traité de Maastricht ?

En novembre 2023, le traité de Maastricht a soufflé ses 30 bougies. L'occasion d'inviter dans notre débat une réflexion sur la pertinence des règles budgétaires dans l'Union européenne.
Celles-ci sont en effet fondées sur trois a priori théoriques qu'il n'est pas inintéressant de questionner aujourd'hui.

• **A priori n° 1.** *Dans une union monétaire, les déficits publics d'un pays fabriquent des externalités négatives sur les autres pays membres, en l'espèce l'augmentation des taux d'intérêt de tous les pays de l'union.*
L'expérience montre une réalité très différente. C'est le pays qui affiche un déficit public excessif, et lui seul, qui subit la hausse des taux d'intérêt, comme on l'a observé lors de la crise de la zone euro (2010-2013) au cours de laquelle les taux d'intérêt à long terme des pays périphériques ont grimpé, mais pas ceux de l'Allemagne. En revanche, on a pu observer aussi (par exemple, de 2002 à 2008, avant le déclenchement de la crise des *subprimes* et de la crise de la zone euro) que la stimulation de l'économie d'un pays de la zone euro par le déficit public soutient la croissance des autres pays de la zone euro grâce à l'effet commerce extérieur, en tout cas tant que le déficit public ne déclenche pas une crise de la dette publique. Dans cette mesure, l'externalité liée à l'effet d'un déficit public accru dans certains pays de la zone euro sur les autres pays de la zone est donc positive.

- **A priori n° 2.** *Dans une union monétaire, tout déficit public et toute augmentation de la dette publique sont condamnables. Un axiome* made in Bruxelles *confirmé par le fait que les règles budgétaires de la zone euro requièrent un déficit public inférieur à 3 % du PIB (ou, mieux encore, l'équilibre budgétaire) et un taux d'endettement public qui revienne à 60 % du PIB.* En réalité, les dépenses publiques d'investissement, de formation, d'éducation, la baisse des taux de cotisations sociales des entreprises ont un effet positif sur le PIB futur et sur l'emploi, et doivent être traitées différemment des dépenses publiques courantes.
- **A priori n° 3.** *La solidarité budgétaire doit être exclue (pas de* bail out *possible) parce qu'elle fabrique un aléa de moralité, autrement dit une incitation à tolérer un déficit public ou une dette publique excessifs.*
Cependant, à l'occasion de chaque crise, il a fallu mettre en place un programme de solidarité budgétaire (l'ESM après la crise de la zone euro, *Next Generation EU* après la crise du Covid…) car l'absence de solidarité fait apparaître des crises budgétaires, comme ce fut le cas pendant la crise de l'euro de 2010 à 2013.

S'il fallait réécrire aujourd'hui le traité de Maastricht, on devrait tenir compte des externalités positives entre pays des déficits publics, c'est-à-dire, tout en tenant compte du risque de perte de solvabilité budgétaire, plutôt inciter les pays de la zone euro, dans des limites raisonnables, à avoir davantage que moins de déficits publics. On devrait aussi tenir compte des dépenses publiques et des baisses d'impôt qui ont un effet positif sur l'activité et sur l'emploi en les distinguant des autres dépenses publiques. On devrait enfin prévoir des mécanismes de solidarité entre pays qui soient conditionnés à une dégradation effective de la situation économique du pays concerné afin d'éviter les aléas de moralité.

Outre la nécessité d'accepter une inflation supérieure à 2 % et un déficit budgétaire supérieur à 3 % en zone euro, nous terminerons par une proposition qui nous tient particulièrement à cœur : il faut absolument rétablir la mobilité des capitaux entre les différents pays de la zone et mettre en œuvre ce que nous appellerons un fédéralisme actif pour contrer les inconvénients de l'unification monétaire sans libre circulation des capitaux (notamment la réduction du nombre d'instruments de politique économique à disposition). Ce fédéralisme pourrait porter d'une part sur des dépenses qui font consensus (transition énergétique, défense, R&D...) et d'autre part sur la mobilité du capital afin de financer les investissements nécessaires. Sans fédéralisme accru et sans mobilité des capitaux, la zone euro est et restera une machine à réduire le bien-être collectif.

Mais si l'Union européenne s'en donne les moyens par une politique économique adaptée, si aucune catastrophe géopolitique ne vient bousculer violemment nos économies (voir encadré 7) et si, à long terme, elle accomplit dans de bonnes conditions une transition énergétique rapide, plus rapide que le reste du monde, l'économie du continent deviendra suffisamment performante et attractive pour réussir à sortir du piège à croissance faible et permettre aux Européens de préserver leur niveau et leur mode de vie. L'Europe et sa politique économique ? Plutôt disruptive que morte !

Encadré 7.
Le scénario catastrophe en forme de cygne noir

En cette année d'élections américaines où la victoire de Donald Trump en novembre 2024 est une éventualité que personne ne peut écarter, sortons un instant de notre approche purement macroéconomique pour évoquer ce qui pourrait devenir un scénario catastrophe pour l'Europe. Un scénario en forme de cygne noir, fondé sur l'hypothèse d'un désengagement des États-Unis de la défense du Vieux Continent.

Supposons en effet que, conformément à ce qu'il a pu annoncer ou laisser entendre, Donald Trump réélu désengage les États-Unis de la défense de l'Europe, donne un coup d'arrêt au soutien à l'Ukraine et impose des conditions strictes à l'obtention du soutien militaire américain voire retire son pays de l'OTAN. L'Europe, sous la contrainte de sa politique budgétaire, serait dans l'incapacité de se substituer aux États-Unis dans son soutien à Kiev (le soutien américain à l'Ukraine correspond à 0,25 % du PIB de l'Union européenne) ou, plus globalement, d'assurer sa défense (aux États-Unis, les dépenses militaires représentent 3,5 % du PIB en valeur, dans l'Union européenne 1,7 %). Personne ne peut alors imaginer quelle pourrait être la stratégie de la Russie déjà passée en économie de guerre avec un tiers des dépenses publiques consacrées aux dépenses militaires (l'attaque d'autres pays européens).

Aujourd'hui, plus de deux ans après l'agression russe sur l'Ukraine, les marchés financiers européens comme les opinions publiques n'« achètent » pas ce scénario dont la probabilité pourtant n'est pas nulle. La seule option pour y échapper, le cas échéant, serait que l'Europe, en cas de désengagement américain, augmente sensiblement ses dépenses militaires et ses dépenses d'investissement dans les industries de l'armement afin de remplacer la contribution des États-Unis. Une incertitude de plus, géopolitique celle-là, quant à l'évolution des économies de part et d'autre de l'Atlantique dans les années qui viennent.

Conclusion

Dans cet ouvrage, nous avons essayé de réfléchir à ce que pourrait être l'état de l'économie mondiale en 2050 : quelles seront les nouvelles puissances économiques, quels seront les nouveaux rapports de force ? Notre hypothèse de travail était qu'à l'horizon 2050 elle devrait avoir deux moteurs : les États-Unis et l'Asie du Sud-Est (Vietnam, Malaisie, Cambodge, Thaïlande, Philippines, Indonésie), des pays où le progrès technique, les gains de productivité sont assez importants, et où la démographie n'est pas défavorable. En revanche, l'évolution des économies des autres pays/régions du monde devrait être plus contrastée. On s'interroge souvent sur la capacité de l'Inde et de l'Afrique à devenir de grandes puissances. Ce sont certes des pays où la population en âge de travailler continue à progresser (même si le mouvement ralentit), et où les gains de productivité sont importants (autour de 3 % par an à long terme). Mais l'Inde comme l'Afrique partent de loin, avec une productivité par tête trop faible pour que, même avec une croissance du produit intérieur brut (PIB) de 4 à 5 % par an en volume, elles puissent espérer peser d'un poids significatif dans l'économie mondiale en 2050. Enfin, les pays d'Amérique du Sud, de l'Union européenne, la Chine et le Japon cumulent deux handicaps : un recul de la population en âge de travailler et la faiblesse, voire l'absence de gains de productivité. Ces deux handicaps sont d'ailleurs corrélés puisque les pays où l'âge de la population active augmente sont aussi ceux où la productivité progresse peu.

Nous avons porté une attention particulière à la situation de l'Europe et de la France. L'une comme l'autre souffrent de handicaps structurels : faiblesse des gains de productivité, qui résulte en particulier de l'effort insuffisant d'investissement en nouvelles technologies et recherche et développement ; vieillissement démographique, avec un recul qui s'accélère de la population en âge de travailler ; absence de ressources en matières premières (gaz naturel, pétrole, métaux industriels…) ; faiblesse (pour l'ensemble de l'Union européenne et pour la France) de la qualité du système éducatif, comme l'a montré le recul des scores PISA de l'enquête de 2022 par rapport à l'enquête de 2018 et PIAAC sur les compétences de la population active.

Ces handicaps structurels semblent condamner l'Europe et la France à la décroissance qui s'installe lorsque la productivité stagne, que la population en âge de travailler diminue et qu'il n'est plus possible de faire monter le taux d'emploi, ce que l'Europe et la France ont réussi à faire de 2017 à 2023, mais qui va redevenir plus difficile aujourd'hui en raison des seuils déjà atteints et de la difficulté à augmenter encore l'âge de la retraite.

Phénomène aggravant : la diminution de la population totale est nettement plus faible, à l'horizon de trente ans, que celle de la population en âge de travailler, ce qui annonce une baisse du revenu par habitant et un déficit croissant des systèmes de protection sociale (dont les recettes sont liées à la population active, alors que les dépenses sont liées à la population totale). À moins que l'Europe (et la France) ne mette en œuvre une stratégie destinée à éviter que cet engrenage pernicieux s'installe.

D'abord, en acceptant une immigration assez forte (nécessaire, puisque le recul de la population en âge de travailler n'est pas compensé par des gains de productivité) qui permette de satisfaire les besoins d'emplois des entreprises, aussi bien en termes d'emplois qualifiés que peu qualifiés. Ensuite, en faisant en sorte que l'épargne des Européens soit investie sur notre territoire afin de financer les investissements supplémentaires indispensables à la transition énergétique, à la préservation de la biodiversité et à l'amélioration de la gestion de l'eau. Ces investissements additionnels, par rapport au niveau actuel, représenteraient environ 3,5 % du PIB de l'Union européenne (ou de la France) alors que l'Union européenne, à l'exception de l'année 2022 où elle a dû payer un prix très élevé pour ses importations d'énergie, dispose d'un excédent extérieur (un excédent de sa balance courante) d'environ 3 % du PIB.

Une telle stratégie, qui serait très féconde, se heurte toutefois à un double obstacle : les pays qui génèrent cet excédent de balance courante, donc qui ont un excédent d'épargne, sont d'une part peu nombreux (l'excédent extérieur de l'Europe vient essentiellement de l'Allemagne et à un moindre degré des Pays-Bas) et, d'autre part, ont choisi de prêter leur excédent d'épargne au reste du monde, et non aux autres pays européens, en raison de la défiance qui s'est installée dans les pays excédentaires au sujet de la solidité des pays déficitaires au moment de la crise des *subprimes* en 2008-2009.

On peut toutefois espérer voir se dessiner un scénario plus optimiste pour l'Europe (et la France). Dans ce scénario, les pays européens ayant un excédent d'épargne (ce qui signifie essentiellement l'Allemagne) acceptent à nouveau de le prêter à leurs partenaires européens. Cette épargne désormais disponible en Europe puisqu'elle ne serait plus prêtée au reste du monde permettrait à notre continent de réaliser une transition énergétique plus rapide que les autres pays.

Une telle stratégie aurait évidemment un coût (un poids élevé des investissements de transition, un changement rapide des sources de l'énergie, des énergies fossiles aux énergies renouvelables, qui peut provoquer une désorganisation, un recul de la production), mais permettrait surtout à l'Europe d'offrir, plus rapidement que tous les autres pays/régions du monde, une technologie « verte » de production, ce qui constituerait un atout formidable pour attirer les investissements. D'autant qu'on peut imaginer qu'un peu partout dans le monde, les opinions publiques feront pression sur les entreprises pour qu'elles abandonnent les énergies fossiles, ce qui donnerait un avantage compétitif décisif à l'Europe en avance sur les autres pays pour la transition énergétique.

Toute la question des années à venir réside dans la gestion et la maîtrise de la période de transition. Bien sûr, cet objectif ne dispense pas l'Europe (et la France) de se donner les moyens de corriger ses autres handicaps structurels, en particulier la faible efficacité du système éducatif, résultant en une faiblesse des compétences à tous les âges. En outre, pour mettre en place cette stratégie, il faudra, comme on l'a vu plus haut, que l'Europe modifie en profondeur sa philosophie de politique économique. Accepter que l'épargne, aujourd'hui prêtée au reste du monde, soit prêtée aux entreprises et aux États européens revient à accepter une politique budgétaire moins restrictive, ainsi qu'une politique monétaire qui permette un supplément d'endettement public et privé, c'est-à-dire caractérisé par des taux d'intérêt réels à long terme inférieurs à la croissance de long terme. Or ce n'est pas ce vers quoi s'oriente l'Union européenne aujourd'hui. Mais il n'est pas encore trop tard pour mener le débat autour d'une stratégie européenne offensive fondée sur un nouveau modèle de développement.

Table

Introduction 9
Les Européens redoutent ce monde qui vient..................... 10
« Que nous est-il permis d'espérer ? » 12

CHAPITRE 1 – En 2050, l'Amérique de plus en plus prospère, l'Europe de plus en plus pauvre.................... 15

Population active, productivité, taux d'emploi… Un trio à la peine 18
Les Européens deviennent de plus en plus pauvres............ 23
Quel sera le poids économique de chaque pays à l'horizon 2050 ?.. 25
L'économie américaine restera l'économie dominante de la planète.. 28
L'économie chinoise de demain, un destin à la japonaise ?.... 31
L'économie indienne décolle mais la route sera longue....... 34
L'économie européenne en plein décrochage 37

CHAPITRE 2 – Au temps (pas vraiment) béni du papy-boom 41

Quand vieillissement rime avec appauvrissement 45

Encadré 1. Le « dividende démographique », une condition nécessaire mais insuffisante… 47

Un double impact sur la croissance potentielle et les finances publiques 48

La zone euro parmi les régions les plus touchées 51

Encadré 2. Le modèle social français résistera-t-il au vieillissement ? 54

Lutter contre les effets du vieillissement, une course de fond 55

CHAPITRE 3 – Fragmentation du monde, le temps des « hautes clôtures » 61

Se protéger avec un petit jardin et une haute clôture 63

Le mythe de la mondialisation heureuse a vécu 65

Semi-conducteurs : le symbole de l'affrontement Washington/Pékin 67

Un monde plus cher et moins efficace… 71

Les pays émergents grands perdants de la fragmentation du monde ? 73

Des stratégies d'adaptation à la nouvelle donne 76

CHAPITRE 4 – Quand l'industrie redevient un objet de désir 79

L'emploi industriel a reculé partout 81

En France, l'emploi industriel est tombé à moins de 9 % de l'emploi total 84

L'Amérique et la Chine à l'offensive 86

Où il est question d'herbivores et de carnivores 90

La réindustrialisation, même ciblée, de la zone euro sera difficile 93

CHAPITRE 5 – La bataille de l'épargne sera sans merci... 99

Du saving glut *à l'insuffisance d'épargne* 100

Le monde va devoir investir au minimum 4 000 à 5 000 milliards de dollars par an pendant vingt-cinq ans 102

Impossible de continuer à compter sur l'épargne des pays de l'Opep 104

Mobiliser mieux et davantage l'épargne mondiale 109

Hausse des taux d'intérêt, de la pression fiscale ou des deux ? 111

Cesser de cannibaliser l'épargne pour financer la consommation 114

Encadré 3. Quelques recommandations pour mobiliser l'épargne longue 118

CHAPITRE 6 – Transition énergétique : pour tous, le temps des sacrifices 119

Révolutionner le mix énergétique mondial 121

Les grands pays de l'OCDE encore loin de leurs objectifs 122

Le remplacement des fossiles par les renouvelables est inflationniste 126

Sortir des politiques économiques conventionnelles ? 129

Il ne sera pas facile de se débarrasser du fossile 134

Le capitalisme néolibéral doit changer ses priorités 136

CHAPITRE 7 – Où il est question de rareté, d'inflation et de taux d'intérêt 141

L'abondance, période bénie des entreprises, moins des salariés 142

Rareté partout, abondance nulle part 144

Argent trop cher, la vie n'a plus de prix 147

Encadré 4. Le retour de l'inflation est-il une bonne nouvelle pour la dette ? 149

L'inflation, une caractéristique durable de l'économie mondiale 151

Encadré 5. Existe-t-il un taux d'inflation optimal ? 152

Le poison des taux d'intérêt réels (trop) élevés 153

CHAPITRE 8 – S'extirper du piège à croissance faible.... 157

Un taux d'emploi anormalement faible 158

La productivité stagne depuis 2017 en zone euro 161

Le cas français particulièrement préoccupant 162

D'abord le taux d'emploi, puis la productivité… 164

Un jeune Français sur deux ignore la date de la Révolution française 166

Dans l'innovation technologique, l'Europe décroche 168

En 2024, la France devra emprunter 280 milliards d'euros 173

CHAPITRE 9 – La politique économique européenne, plutôt disruptive que morte ! 177

Une politique monétaire inefficace… 178

… et une politique budgétaire conservatrice 182

Mettre en œuvre une sorte d'« économie de guerre » 186

L'Europe a besoin d'une politique monétaire expansionniste ! 190

Rétablir la mobilité des capitaux entre les pays de la zone euro 193

Encadré 6. Réécrire le traité de Maastricht ? 194

Encadré 7. Le scénario catastrophe en forme de cygne noir 197

Conclusion 199

DES MÊMES AUTEURS
CHEZ ODILE JACOB

Pour en finir avec le déclin. Les priorités économiques et sociales de la France, 2022.

La Dernière Chance du capitalisme, 2021.

Patrick Artus

De l'économie d'abondance à l'économie de rareté, avec Olivier Pastré, 2023.

40 ans d'austérité salariale. Comment en sortir ?, 2020.

Discipliner la finance, 2019.

Cet ouvrage a été composé
en Adobe Garamond Pro et Whitney
par Nord Compo
à Villeneuve-d'Ascq (Nord).

N° d'édition : 4150-0864-X – N° d'impression : 2403.0182
Dépôt légal : mai 2024

Imprimé en France